学校図書館で役立つ レファレンス・テクニック

調べる面白さ・楽しさを伝えるために

少年写真新聞社

はじめに

私たちが何かを調べる時、最初にインターネットを見ることが多くなりました。スマートフォンやタブレットの普及によって、その傾向は一層強くなっています。インターネットを使えば瞬時に疑問が解決する場合も多くあります。しかし、ちょっと待ってください。その情報は本当に的確でしょうか？

図書館員が利用者の調べもののお手伝いをする時には、そこに気を配ります。情報を評価し、利用者にとって最も的確な情報を取捨選択する能力をもっているのが図書館員です。

この能力を多くの人に伝えるのは図書館員の非常に重要な役割です。そして学校図書館は、社会に出てゆく子どもたちがこの能力を学ぶ場として格好の空間だと思います。

しかし、子どもたちからは「調べることは面倒」「どうやって調べたらいいのかわからない」などの声がよく聞かれます。

どうすればこのハードルを低くできるのか、私はずっと考え続けてきました。

公共図書館現場から大学の司書課程の教員へ

少しだけ私の経歴をお話ししておきます。私は大学で司書の資格を取得し、当初はある社会教育団体の一般職員として働いていました。そんな時、東京都立川市が新たに市立図書館を整備するために司書を募集していることを知りました。これに応募し、運よく採用されたのが、私の図書館人生の始まりです。

採用当初はまだ図書館条例もなく、公民館の職員として図書館設置の準備をしていました。それから、移動図書館車の運行管理（運転もしました）、地区図書館の開館準備、開館後の運営、電算化に伴うシステムの開発、中央図書館の建設準備など、二八年八か月にわたり、さまざまな形で立川市の図書館に関わってきました。

長い図書館現場での仕事の中で、私が一番深く関わったのが〝レファレンス・サービス〟です。調査資料係での仕事は、私に多大な影響を与えてくれました。

この仕事をしていく中で、公共図書館の職員研修、特にレファレンス・サービス研修の講師として呼ばれることが徐々に増えていきました。私の強みは〝現場での経験〟です。「わかりやすい」「実践的だ」という評価もいただけました。

そんな中、恩師から一本の電話が入ります。それは「千葉経済大学短期大学部で司書課程の教員をやってみないか?」というものでした。教員が務まるのか疑問でしたし、現場への未練もありました。しかし新たなチャレンジをするなら最後のチャンスであると考え、今の職場に移りました。そして一二年が経過しています。

漢和辞典を知らない学生たち

司書課程の授業で、私は次のような経験をすることがあります。学生たちに問いを投げかける時です。

「『鶍田文化』《※あきた》という雑誌がある。〝鶍〟の読みと意味を調べるには、なんの辞典を見る?」

ちゃんと答えられる学生もいますが、少し考えてから「国語辞典!」という答えが返ってくる場合があります。その学生に「読みがわからないのにどうやって国語辞典を引くの?」と聞くと考え込んでしまいます。そして少したって「漢字を調べ

※『鶍田文化』(秋田市文化団体連盟編、秋田市文化団体連盟、1986-)

る辞典！」という答えが返ってきます。「漢和辞典」という名称が浮かばないのです。

そうした現状に愕然《がくぜん》とするわけですが、その学生も卒業するまでには、「調べるのが楽しくなった！」と言ってくれて、「自然科学の基本資料は『理科年表』です」「統計の情報ならまず『日本統計年鑑』を見ます」とすらすらと答えるようになります。その変化＝学生の成長を実感できる今の職業に生きがいを感じ、この仕事をしてよかったと思っています。

この本で私が伝えることは、主に公共図書館でのレファレンス・テクニックですが、含まれるエッセンスは学校図書館の現場でも応用できると思っています。そして最も大切な「調べることが好きになる方法」についてもお伝えしたいと思います。

目次

第1章

レファレンスってなんだろう

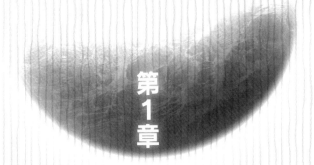

1節　レファレンスってなんだろう

レファレンスを知らない司書志望の学生

学生に、私が毎年質問することがあります。それは「図書館で行われているレファレンス・サービスを使ったことはありますか?」あるいは「レファレンスという言葉を聞いたことはありますか?」という質問です。

すると、司書の資格を取るために授業を受けている学生でさえ、「使ったことがない」と答える人が大部分です。レファレンスという言葉自体を、司書課程を履修して初めて知ったという学生も多いのです。

しかし、彼らが卒業する頃には、「こんな便利なサービスを使わない手はない」「もっとこのサービスをPRすべきだ」と言ってくれるようになります。

レファレンス・サービスの定義を教科書的に説明すると以下のようになります。

「図書館の利用者の情報要求に対して、それらの情報が得られるように、図書館及び図書館員が援助するサービス。それには援助を効果的に実現できるように情報源を収集・整理したり、加工して、準備するサービスも含まれる」（大串夏身）※

つまり、利用者の情報探索をお手伝いするのがレファレンス・サービスですが、それ以外に、利用者が情報探索がしやすいように準備をしておくことも含まれます。

ただ、長い間レファレンス・サービスに関わる中で、私がたどり着いた一つの本質があります。それは「利用者が、自分で的確な情報を調べることができるようにサポートすること」です。そのための方法は主に第２章で述べてゆきたいと思っていますが、さまざまな情報源を知っている図書館員には「調べる過程を利用者と共有すること」「調べ方を見せていくこと」が求められていると思っています。

実践としてのレファレンス・サービス

図書館には紙の資料やオンラインのデータベースなど、さまざまな情報源がありますが、それをうまく使いこなすための方法を伝えられるのが〝レファレンス・ライブラリアン〟です。利用者が課題を解決するために、利用者と一緒になって情報を探し求める経験を積み重

※『情報サービス論』（大串夏身・齊藤誠一 共著、理想社、2010）より

ねることで、図書館員は信頼を得ることができるのです。

レファレンス・サービスは、人と人とのコミュニケーションから成り立っています。今の時代では、人とパソコン、人とスマートフォンとの関係が増えていますが、人と人との関係から生まれる〝発想〟や〝交流〟は、新たな〝発見〟や〝創造〟を生み出す大きな原動力となっています。

この仕事に長く関わる中で、利用者とのコミュニケーションは、多くの知識と技術を私に与えてくれました。つまり、利用者の方々が、私をレファレンス・ライブラリアンとして育ててくれたのです。

学校図書館の現場においても、このスタンスは変わらないと思います。〝実践としてのレファレンス・サービス〟の積み重ねが、よりよき学校図書館員への道だと思います。

図書館の基本的な機能の変化

少し話題は変わりますが、ここで図書館の基本的な機能がどのように変わってきたのかについて考えてみたいと思います。

一九六〇年代から公共図書館は大きな変革の時代に入り、「市民の図書館」を目指し、資料提供を基本にした取り組みを行ってきました。一九九〇年代前半くらいまで、公共図書館における基本的な機能を問われた場合、私は「資料提供」と言ってきました。

授業でこの基本的機能を学生に教えるときは「メディアを収集し、整理し、保存し、そして提供すること」と四つの機能を伝えていますが、一言で言えばやはり「資料提供」だと思っていました。

この言い方は、私の中では一九九〇年代後半くらいから変わり始めます。そして現在では、「情報提供」と言っています。これは〝資料〟という言い方が印刷資料をイメージさせ、その頃から普及してきたデータベースなどのデジタル情報を包括できないからで、より広範なイメージをもつ〝情報〟という言葉を使うようになりました。

しかし、今の時代を考えた場合、図書館の基本的な機能は情報提供とだけ言っていればよい状況ではないと思います。情報提供に加えて「図書館員による人的支援」の必要性が高まっていると思います。

図書館員があきらめていませんか？

「うちは小さな図書館だからレファレンスの機会なんてない」という声を、公共図書館の職員から聞くことがあります。学校図書館でも、同じように思っている方がいるかもしれません。しかし、本当にそうでしょうか？

「資料が少なく、役に立たないと利用者に思われている」と図書館員が思い込んではいないでしょうか？　実際には、小さな図書館で資料が少ないからこそ、潜在的な問い合わせは多くなると考えることもできます。

利用者はなんらかの情報ニーズをもって図書館に来ています。でも、図書館員に声をかけるにはそれなりの勇気が必要です。逆に図書館員が利用者と積極的にコミュニケーションを図ることで、情報ニーズを掘り起こし、利用者を満足させられる場合もあります。

本を返却に来た利用者とのちょっとした会話から、読書案内や課題解決のための問い合わせに発展する場合もあります。たとえば、こんなことがありました。

時代小説から相続問題の本へ

私が小さな地区図書館のカウンターにいた時の話です。ある女性の利用者が時代小説を返却しにきました。その本を読んだことがあった私は、彼女に「この本、私も読みました。面白かったですよね」と言ってみました。彼女は「私も楽しく読ませてもらいました。この作家のほかの作品で、面白かった本はあります？」と逆に問い返されました。こんな時は、すぐに利用者と一緒に書架に行きます。それが重要です。一緒に書架に行くことで、コミュニケーションが図りやすくなり、かつ「自分のために時間を割いてくれる図書館員がいる」ことを知ってもらい、新たな問い合わせにつながるのです。

この場合は数冊の時代小説をご紹介し、カウンターに戻ろうとしたらその方から呼び止められました。

「実は父が亡くなって相続の問題で困っているの。相続に関する本はないかしら？」という問い合わせでした。そこですぐに相続の本の棚にご案内し、さらに中央図書館から数冊の本を取り寄せる約束もしました。

書架まで案内しながらコミュニケーションを図る中で、「この人なら相談できる」と思ってくれたのだと思います。

小さな図書館だからこそきめ細かな配慮ができるのだと思います。学校図書館も同じです。あきらめず、利用者や子どもたちに積極的に声をかけてみることが大切です。

2節「レファレンスの心得」から

前職である東京都の立川市図書館では、「※レファレンスの心得」という資料を作っていました。調査資料係の職員が作った資料でレファレンスをする際の基本的な心構えを七つの項目に分け、わかりやすくまとめています。私の授業では、これに事例を交えながら解説をしています。学校図書館でも役立つ内容だと思いますので、各項目を順番に解説していきます。参考にしてみてください。

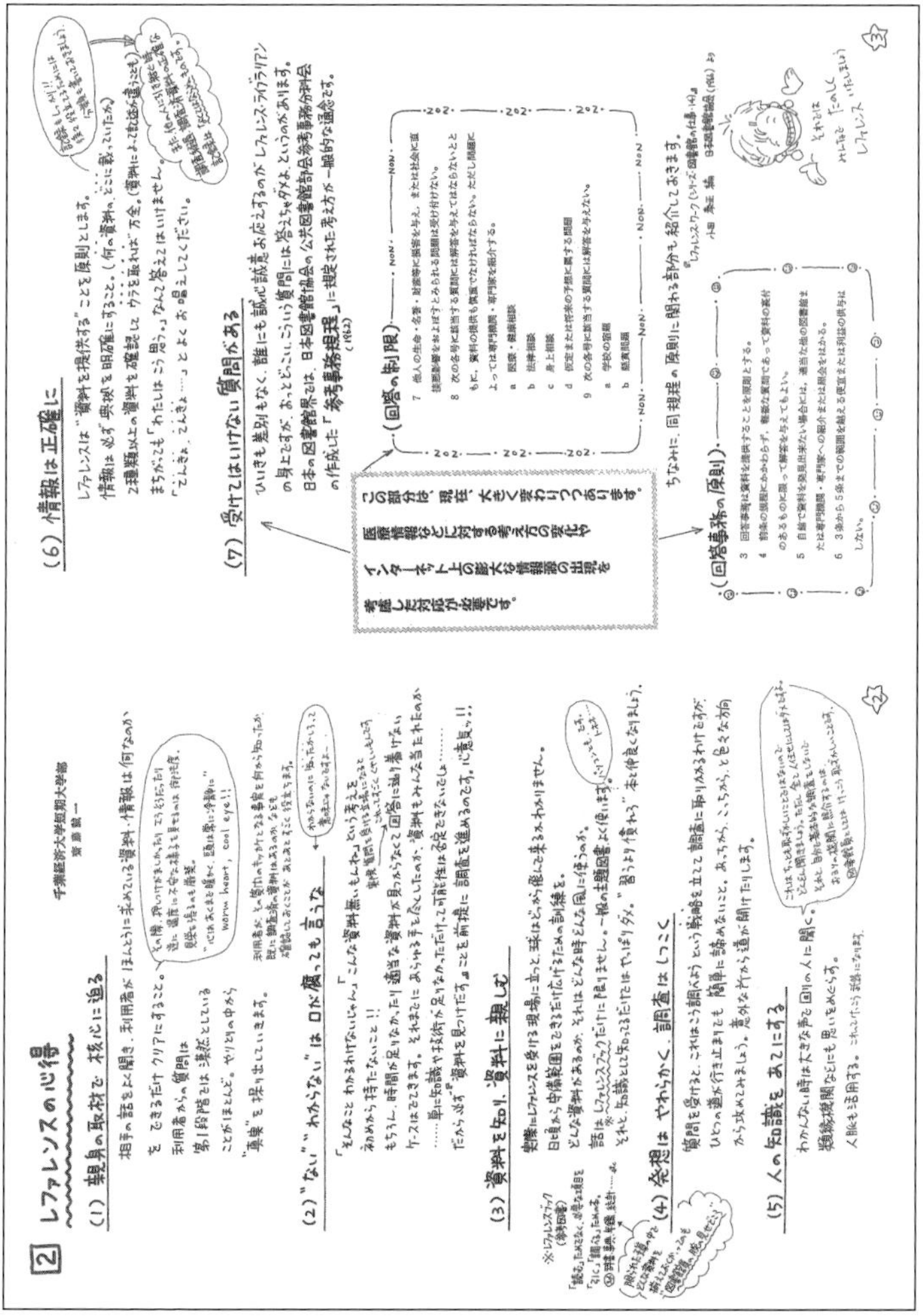

２ レファレンスの心得

千葉経済大学短期大学部
齋藤誠一

(1) 親身の取材で 核心に迫る

相手の話をよく聞き、利用者が ほんとうに求めている資料・情報は 何なのかを できるだけ クリアにすること。

利用者からの質問は第１段階では 漠然としていることがほとんど。やりとりの中から"真実"を 探り出していきます。

その際、押しつけがましかったり てきとうだったり 逆に 過度に不安な様子を見せるのは 御法度。見栄を張るのも厳禁。"心はあくまで暖かく、頭は常に冷静に" warm heart, cool eye!!

利用者が、その質問のキッカケとなる事実を何から知ったか、既に調査済の資料はあるのか なども確認しておくことが あとあとすごく 役立ちます。

(2) "ない" "わからない" は 口が腐っても 言うな

わからないのに 悩んだかしろ、って意味じゃ ないですよ…

「そんなこと わかるわけないじゃん」「こんな資料無いもんね」という考えを初めから 持たないこと!!

もちろん、時間が足りなかったり 適当な資料が 見つからなくて 回答に辿り着けないケースはでてきます。それまでに あらゆる手を尽くしたのか、資料もみんな当たれたのか……単に知識や技術が足りなかっただけ、って可能性は否定できないでしょ……

実際 質問を受ける立場になると これって すごく くやしいもんです

だから 必ず『資料を見つけ出す』ことを前提に 調査を進めるのです。心意気っ!!

(3) 資料を知り、資料に親しむ

実際にレファレンスを受ける現場に立つと、球はどっから飛んで来るか わかりません。

日頃から守備範囲をできるだけ広げるための訓練を。

どんな資料があるのか、それはどんな時どんな風に使うのか。

話は ※レファレンスブックだけに 限りません。一般の主題図書 よく使います。（パソコンも、です。トホホ…）

それと、知識として知ってるだけではやっぱりダメ。"習うより 慣れろ" 本と仲良くなりましょう。

※レファレンスブック（参考図書）「読む」ためでなく、必要な項目を「引く」「調べる」ための本。例）辞書、事典、年鑑、統計……etc.

限られた時間の中で どんな資料を 揃えておくか…ってのも 図書館員の腕の見せどころ

(4) 発想は やわらかく、調査は しつこく

質問を受けると、これはこう調べよう という戦略を立てて 調査に取りかかるわけですが、ひとつの道が行き止まりでも 簡単に諦めないこと。あっちから、こっちから、と色々な方向から攻めてみましょう。意外な所から道が開けたりします。

(5) 人の知識を あてにする

わかんない時は 大きな声で 回りの人に 聞く。

類縁機関などにも 思いをめぐらす。

人脈も活用する。これってけっこう 武器になります。

これはちっとも恥ずかしいことではないので どんどん聞きましょう。ただし 全く人任せにしてはダメですよ。それと、自分も基本的な調査をしないで よその機関に照会するのは、図書館員としては けっこう 恥ずかしいことです。

(6) 情報は 正確に

レファレンスは"資料を提供する"ことを原則とします。

情報は 必ず 典拠を明確にすること。（何の資料の、どこに載っていたか）

２種類以上の資料を確認して ウラを取れば 万全。（資料によって記述が違うことも）

まちがっても「わたしは こう思う。」なんて 答えてはいけません。

「てんきょ、てんきょ……」と よく お唱えしてください。

記録をしっかり!! 後々役立てるためには 今後を書いておきましょう。

また、他の人に引き継ぐ時も 調査経過、調査済資料の正確な記録は 欠くことのできないものです。

(7) 受けてはいけない 質問がある

ひいきも 差別もなく、誰にも 誠心誠意 お応えするのが レファレンス・ライブラリアンの 身上ですが、おっとどっこい、こういう質問には 答えちゃダメよ、というのが あります。

日本の図書館界では、日本図書館協会の 公共図書館部会参考事務分科会の 作成した「参考事務規程」(1962) に規定された考え方が 一般的な通念です。

この部分は、現在、大きく変わりつつあります。医療情報などに対する考え方の変化やインターネット上の膨大な情報源の出現を考慮した対応が必要です。

（回答の制限）

7　他人の生命・名誉・財産等に損害を与え、または社会に直接悪影響をおよぼすとみられる問題は受け付けない。

8　次の各号に該当する質問には解答を与えてはならないとともに、資料の提供も慎重でなければならない。ただし問題によっては専門機関・専門家を紹介する。

a　医療・健康相談

b　法律相談

c　身上相談

d　仮定または将来の予想に属する問題

9　次の各号に該当する質問には解答を与えない。

a　学校の宿題

b　懸賞問題

ちなみに、同規程の 原則に 関わる部分も 紹介しておきます。

『レファレンスワーク（シリーズ・図書館の仕事・14）』 小田泰正 編　日本図書館協会（1966）より

（回答事務の原則）

3　回答事務は資料を提供することを原則とする。

4　前条の規程にかかわらず、軽微な質問であって資料の裏付のあるものに限って解答を与えてもよい。

5　自館で資料を発見出来ない場合には、適当な他の図書館または専門機関・専門家への紹介または照会をはかる。

6　3条から5条までの範囲を越える便宜または利益の供与はしない。

それでは みんなで たのしく レファレンス いたしましょう

※：新海きよみ（元立川市産業文化スポーツ部長・立川市中央図書館調査資料係時代の同僚）が作成。Ａ３サイズ・フリーハンドでまとめられています。

(1) 親身な取材で核心に迫る

相手の話をよく聞き、利用者が本当に求めている資料、情報は何なのかをできるだけクリアにすること。

利用者からの質問は第一段階では漠然としていることがほとんど。やりとりの中から〝真実〟を探り出していきます。その際、押しつけがましかったり、エラそうだったり、逆に過度に不安な様子を見せるのはご法度。見栄を張るのも厳禁。〝心はあくまで温かく、頭は常に冷静に！＝ warm heart , cool eye〟。

また、利用者がその質問のきっかけとなる事実を何から知ったか、既に調査済みの資料はあるのかなども確認しておくとあとあとすごく役に立ちます。

三尺のビーナス

私が公共図書館職員の時に次のような出来事がありました。**「利用者がその質問のきっかけとなる事実を何から知ったのか」を聞くことが問題解決につながる**例だと思います。

美術学校の女子学生から「三尺のヴィーナスというものがあると聞いたが、写真などはないだろうか」という質問を、調査資料係の若い職員が受けました。

彼は図書館にあるさまざまな資料を確認しましたが出てきません。そんな時はほかの職員に相談するように指導してきました。彼は私のところに来て「三尺のヴィーナスって知っていませんか」と聞いてきました。そのような時は、そのことに関連する分類番号を彼にぶつけていきます。「7類の資料は見た？　1類の資料は？……」

これに対して彼は「言われた分類の資料はすべて見たのですが出てこないんです」と答えました。私は〝三尺のヴィーナス〟という情報を利用者はどこで知ったのかを本人に聞いた？」と彼に尋ねました。その点は聞いていないというので、私が直接その女子学生のところに行き、次のように質問をしてみました。

「〝三尺のヴィーナス〟というのは教科書か何かに載っていたの？」

「教科書には載っていません」

「じゃあ、どこでこの〝三尺のヴィーナス〟を知ったの？」

「先生が黒板に書いたんです」

このやりとりで私にはピンときました。読者の中にもおわかりの方がいると思います。

先生は黒板に〝ミロのヴィーナス〟と書いたのです。ところが〝ミロ〟の字が彼女には〝三尺〟と読めてしまったのでしょう。

教科書に載っていたのであれば存在する可能性は高いですが、先生が黒板に書いたという時点で、その信ぴょう性は低下します。また、公共図書館に来る問い合わせで、〝ヴィーナス〟に関するものは、たいていが〝ミロのヴィーナス〟です。

「先生が書いたのは〝ミロのヴィーナス〟じゃない？ 確認した方がいいよ」

彼女は電話をかけに行きました。そして戻ってきて「〝ミロのヴィーナス〟でした」と告げてくれました……。

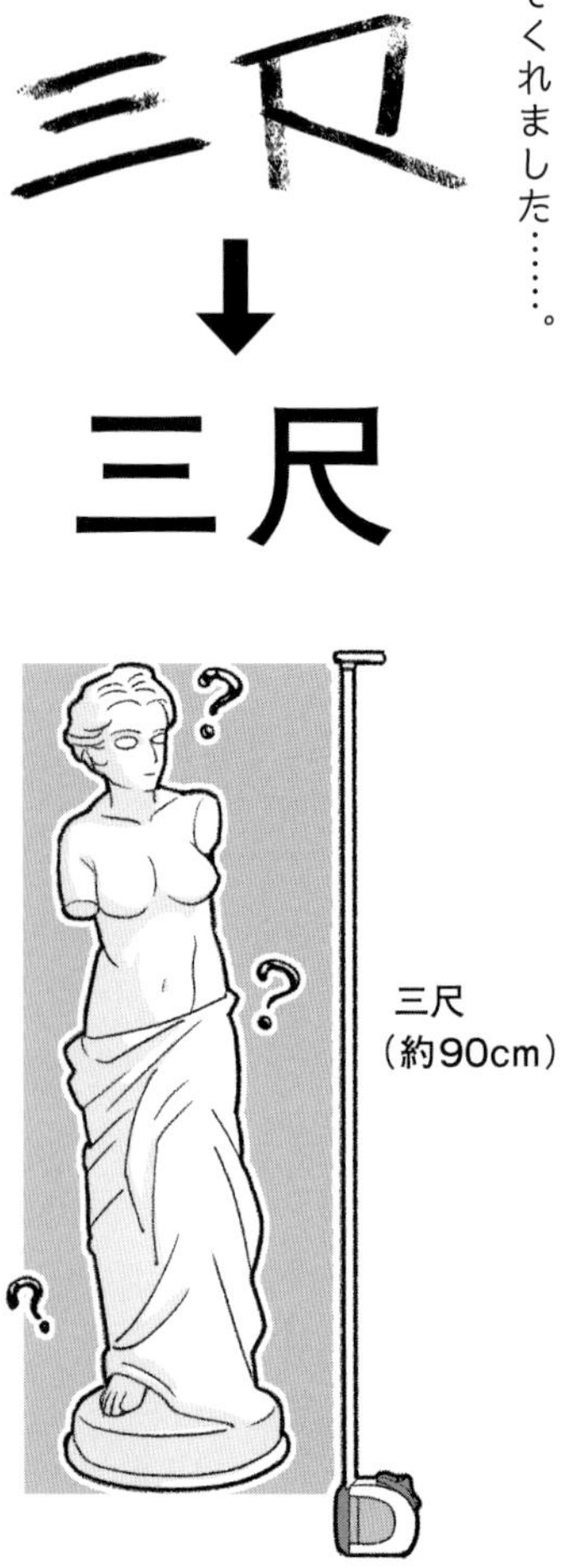

三尺のヴィーナス？

(2) 〝ない〟〝わからない〟は口が腐っても言うな

「そんなことわかるわけないじゃん」「そんな資料無いもんね」という考えを初めから持たないこと！

もちろん、時間が足りなかったり適当な資料が見つからなかったりして回答にたどり着けないケースは出てきます。それまでにあらゆる手を尽くしたのか、資料もみんな当たれたのか……単に知識や技術が足りなかっただけって可能性は否定できないでしょ……

だから必ず「資料を見つけ出す」ことを前提に調査を進めるのです。心意気ッ!!

私も現役の時は、〝ない〟〝わからない〟とは言いませんでした。たとえその図書館で出てこなかったとしても、類縁機関を紹介する手段もあります。

しかし、私には、結果として〝ない〟になったレファレンスの経験があります。

「現古辞典」ありますか？

ある時、女子高生が私のところに来て「古語辞典と逆に、現代語を古語に訳する辞典はありませんか」と聞いてきました。今では『現古辞典』（河出書房新社、二〇一二）など、数冊の辞典が出版されていますが、その当時は出版されていませんでした。私もそのような辞典は見たことがなく、存在しないと思い込んでいるのでいくら探しても出てきません。

「なければいいです。あきらめます」

「いや、もう少し探してみようよ」

そう言いながら調べましたが、やっぱり出てきません。そのうちにその女子高生は帰ってしまったようです。

私は彼女が帰ったことを知りませんでしたが、その後『全訳古語例解辞典　コンパクト版第3版』（小学館、二〇〇一）の巻末にある付録の部分に「現古辞典」を発見しました。しかし彼女の連絡先も聞いていなかったため、教えることができず、本当に悔しい思いをしました。

〝自分が見たことがないのでそのような辞典は存在しない〟という驕《おご》りが仇《あだ》となり、「ない」としてしまった、私の教訓となった事例です。また、**辞書の付録は役に立つ**ことを教えてくれた事例でもありました。

（3）資料を知り、資料に親しむ

実際にレファレンスを受ける現場に立つと、球はどこから飛んでくるかわかりません。日頃から守備範囲をできるだけ広げるための訓練を。

どんな資料があるのか、それはどんな時どんなふうに使うのか。話はレファレンスブックだけに限りません。一般の主題図書をよく使います。それと、知識として知っているだけではやっぱりダメ。

〝習うより慣れろ〟本と仲良くなりましょう。

公共図書館の中には、配架や書架整理をボランティアに任せているところがあります。でも、図書館員がそうした作業を自分でしなくなったらレファレンスはできないと思います。自分ですることによって、その図書館にどんな資料があるのか、利用者がどんな資料を使っているのかが頭に入ります。書架整理をしている時に背読み（本の背文字を読んでいくこと）をするのも良い方法です。これも資料を知り、資料に親しむことになります。

私は調査資料係だったのでレファレンス・サービスを中心に行っていて、貸出業務はあまりやっていませんでした。それでも図書館でどのような資料が利用されているのかは把握していました。それは、配架や書架整理をきちっと行っていたからです。

返却された資料を書架に戻すことで利用状況がわかります。また、書架が乱れているということは、そこにある資料は利用が多いということです。

立川市図書館には、相当数の外国語資料が所蔵されていました。ハングル、中国語、英語、スペイン・ポルトガル語の本が入っていました。これらの言語の中で一番利用されているのは中国語であることを私は知っていました。これは、中国語の本を配架することが多く、かつ中国語の書架が乱れている場合が多かったからです。

自分の図書館の資料を知るための一番良い方法は、配架と書架整理です。

(4) 発想はやわらかく、調査はしつこく

質問を受けると、「これはこう調べよう」という戦略を立てて調査に取りかかるわけですが、ひとつの道が行き止まりでも簡単にあきらめないこと。あっちから、こっちからといろいろ

な方向から攻めてみましょう。意外な所から道が開けたりします。

利用者から問い合わせがあった事柄について、関連する分類をいくつ発想できるかが勝負だと思います。図書館員は発想力が大事です。その発想の手助けをしてくれるのが十進分類法です。学生に対しても十進分類法を使った発想のトレーニングをしています。たとえば、ある事柄に対して分類番号をいくつイメージできるかを訓練しています。

十進分類で発想が広がる

市役所の公園緑地課から「ヘラブナは温水魚なのか？」という問い合わせを受けたことがあります。市民に対する説明会で必要なので知りたいということでした。

現在、私は大学の授業で学生にこの質問をして、関連する分類を言ってもらいます。キーワードは〝魚〟です。〝魚〟に関連する分類番号を言ってもらうのです。「４類の魚類！」、という声が上がります。これは当たり前です。「ほかには？」といってこれ以外に発想できる分類を考えさせます。「６類！」という声が聞こえます。「６類の主題は何？」と問いかけると「水産業」という答えが返ってくればＯＫです。さらに「釣り」という声や「魚料理」という声が出てくるまで考えさせます。もちろん「釣りは何類?」「魚料理は何類?」と聞いて、7類と5類であることを確認させます。

（5）人の知識をあてにする

わからない時は大きな声で周りの人に聞く。類縁機関などにも思いをめぐらす。人脈も活用する。これってけっこう武器になります。これはちっとも恥ずかしいことではないのでどんどん聞きましょう。

ただし、全て人任せにしてはダメですよ。それと自分で基本的な調査をしないで、外部の機関に照会するのは、図書館員にとってけっこう恥ずかしいことです。


私たちが利用者から質問を受けた場合、受けた図書館員が対応するのが基本です。ところが、公共図書館員の場合、カウンター業務はローテーションで動いているので、最初に受けた人の担当時間が切れた場合、次の担当者に引き継ぐことが一般的です。

しかし、私は受けた人が最後まで担当すべきだと思っています。最初に関わった人が一番多くの情報を利用者から得ているし、かつ利用者も図書館員を選んでいる場合もあります。ところが、自分一人では良い情報が出てこない場合があります。その時は、遠慮なくほかの職員に声をかけていきます。レファレンスの回答には発想力が必要です。ほかの人の発想力を活用する方が、的確な情報を見つけ出しやすい場合も多いのです。質問を受けた人が利用者に回答を提供しますが、調査過程ではチームで対応します。

また、こんなケースもあります。利用者から閉架書庫にある資料の出納を頼まれた時のことです。閉架書庫に行き、該当する分類のところを探しても、あるはずの資料がどうしても見つからない場合があります。そのような時は、ほかの職員を呼んで違う目で見てもらいます。そうすると見つかるという経験を何度もしています。

自分の思い込みが資料を見えなくしているのです。新たな目、違う目で見てもらうと見つかるのです。個人の発想力には限界があります。

学校図書館は一人職場であることも多いと思います。**一人で解決できないレファレンスは、周りの先生やほかの学校の司書などに積極的に聞いてみれば、また違う発想を得られるのではないでしょうか。**

（6）情報は正確に

レファレンスは〝資料を提供する〟ことを原則とします。情報は必ず出典を明確にすること（なんの資料のどこに載っていたのか）。2種類以上の資料を確認して裏を取れば万全。間違っても個人の憶測から「私はこう思う」なんて答えてはいけません。

どれだけ正確を期しても、資料や情報の中に間違いが含まれている場合があります。それは逃れようのない事実です。**そのためにレファレンス・ライブラリアンは、〝裏を取ること〟を心がけています。**

裏を取ることの大切さを理解してもらうためには、事例を整えておくことも必要です。間違いが含まれている資料を用意しておき、それを事例として見せていくのです。

渡辺崋山はどっち向き？

『国史大辞典』（吉川弘文館、一九七九－一九九七）と『日本史大事典』（平凡社、一九九二－一九九四）の〝渡辺崋山〟の項目を見ると、どちらにも椿椿山が描いた渡辺崋山の肖像画が掲載されています。しかし、同じ絵なのですが、顔の向きが違っています。おそらくどちらかがネガを裏焼きしてしまったのです。この場合、どちらかが間違えているわけですから、第三の資料を確認する必要があります。そこで『日本大百科全書』（小学館、一九九四）の渡辺崋山の項目を見ると同じ椿椿山が描いた渡辺崋山の肖像画がカラーで掲載されています。この資料も紹介をします。

どちらが正しいという評価をする必要はありません。三冊の資料を利用者に渡すことがよいと思います。判断は利用者に任せますが、判断材料はすべて提供するのが図書館員です。なお、余談ですが、実はこの肖像画は、絵を見ただけでどちらの向きが正しいかがわかります。それは、着物のあわせです。左前になっている方が間違えていると判断できます。

正しいのはどちら？

(7) 受けてはいけない質問もある

ひいきも差別もなく、誰にでも誠心誠意お応えするのがレファレンス・ライブラリアンの身上ですが、おっとどっこい、こういう質問には答えてはダメよ、というのがあります。日本の図書館界では、日本図書館協会の公共図書館部会参考事務分科会の作成した「参考事務規程」（一九六一）に規定された考え方が一般的な通念です。

参考事務規程（抜粋）

回答の制限

７　他人の生命・名誉・財産等に損害を与え、または社会に直接悪影響をおよぼすと見られる問題は受け付けない。

８　次の各号に該当する質問には解答を与えてはならないと共に、資料の提供も慎重でなければならない。ただし問題によっては専門機関・専門家を紹介する。

a　医療・健康相談
b　法律相談
c　身上相談
d　仮定または将来の予想に関する問題

9　次の各号に該当する質問には解答を与えない。
a　学校の宿題
b　懸賞問題

なお、参考事務規定は、現在まで改訂されていません。今の時代に合った対応が必要ですが、基本となる視点は変わらないので押さえておく必要があります。

その上で、基本的な考え方は、〝**図書館員の知識や考え方で答えない**〟ということです。**必ず出典を明らかにした情報提供を行う**ことが基本です。医療情報でも法律情報でも出典が明らかな情報については提供をしています。そこに図書館員の意見を挟まなければ問題はないということです。

公共図書館にいる時に次のようなことがありました。

宿題のレファレンス

大学生が授業で出た課題そのものを私に見せて「この本、ないですか？」と聞いてきました。一般的に、学校の宿題については「これは宿題だから自分で調べなさい」と門前払いをする図書館が多いのではないでしょうか。

しかし私の場合は少し違って、その学生に積極的に関わっていきました。

「これ学校の宿題だよね」

「そうなんです。どうしたらいいかわからなくて……」

「どうやって調べる？」

「参考になる資料を探します」

「どうやって探す？」

「この図書館の蔵書検索ですね」

「そうだね、一緒にやってみようか、ＯＰＡＣのところに行ってみよう」

「このＯＰＡＣで検索して、キーワードは何にする？」

自分でＯＰＡＣ操作をさせます。それを隣で見ていて、

「ＯＰＡＣで出てきた情報の書名や分類をメモして、その本がある書架に行ってみよう」と言いながらその学生と一緒に書架に行きました。


このようにその学生と付き合いながら、調べ方を教えていきます。せっかくカウンターま

で来て声をかけてくれた人を門前払いしたくはありません。**宿題の答えは教えられませんが、調べ方は伝えていく**のが図書館員だと思います。**そのような対応を繰り返すと、その学生は図書館のリピーターになってくれます。**実際に、リピーターになってくれた学生を何人か知っています。宿題への対応にも、いろいろなやり方が考えられると思います。

第2章

レファレンスのテクニック

1節　カウンセラーよりもコーチたれ

図書館員は聴き上手でなければならない

図書館員に必要なものとは、知識、技術、経験、ホスピタリティー（もてなしの心）、そして情熱だと私は思っています。この中でホスピタリティーを挙げているのは、図書館員にとって不可欠なコミュニケーション能力の基礎になるのものだからです。

特にレファレンス・サービスを行う場合には、利用者が何を知りたいのかを聴き出す必要があり、利用者とのコミュニケーションは欠かせません。つまり図書館員は〝聴き上手〟でなければいけないのです。

利用者との質問のやりとりを、〝レファレンス・インタビュー〟といいます。ここではこのレファレンス・インタビューを行うにあたって、覚えておきたい基本技術についていくつかお話しします。

よく図書館員は〝カウンセラー〟に似ているという人がいますが、私は、カウンセラーというよりも〝コーチ〟に近いと思っています。カウンセラーは、学校や職場で人間関係や学業・保健・生活などの不満や悩みを個別に面接し、相談に乗る専門の担当者です。しかし、図書館に来て図書館員に相談する人は、不満や悩みをもっているわけではありません。より積極的に課題を解決したいと思っている人です。

一方、スポーツの分野でいえば、良い結果を残したいと思っているアスリートを最高の到達点に導くのがコーチです。同様に、図書館に来て積極的に質問してくる利用者を、満足のいく状況に導くのが図書館員です。私は図書館員はコーチに近い存在だと思います。したがって、レファレンス・インタビューには〝コーチング〟の技術が役立ちます。特にコーチングの〝聴く技術〟はたいへん参考になります。

▼利用者はストレートに聞いてこない

レファレンスでは、利用者は聞きたいことをストレートに聞かず、抽象的な質問をしてくる場合が多いです。たとえば「アフリカの本ないですか?」と高校生に聞かれたことがあります。〝アフリカ〟という主題はわかりますが、相当に広い概念です。ここからアフリカの何が知りたいのか、その細部を聴き出す必要がありました。よくよく話を聞くと、この高校生が実際に調べたかったのはエジプト(アフリカ大陸に位置する)についてだったようです。

それでは、レファレンス・サービスにとっては非常に重要なコミュニケーションをどのようにとればいいのか、具体的な技術を見ていきましょう。

2節 レファレンス・インタビューの技術

利用者の動きを把握しておく

調べたいものがあったとき、多くの利用者はまずは自分で調べようとします。自由に館内を使ってもらいますが、利用者が調べきれなくなり、図書館員に助けを求めていることがわかる瞬間があります。

明確に「これ」という利用者の動きがあるわけではなく、図書館員の方をちらっと見るとか、なんとなく背中がものを言っているような感じなのですが、日頃から利用者の行動に気を配り、把握しておけば、きっと気づくはずです。その時にこちらから目を合わせたり、「何か探していますか？」と声をかけたりしてみてください。

重要なのは声をかけるタイミングです。特に図書館員が書架整理をしている時が、さりげなくていいと思います。これも図書館員が利用者のそばにいて、声をかけやすい状況にあるからです。

図書館員と利用者の位置を意識する

普通、利用者との対面はカウンターを挟んで行われることが多いと思います。図書館員と利用者が真正面から向き合う、このスタイルは実はレファレンスにおいてはあまり良い位置関係ではありません。正面から顔を合わせることで、双方にプレッシャーがかかってしまうからです。

一方、コーチングでは〝九〇度方式〟で利用者に対応します。図書館員の座っているデスクの一辺と直角に交わる一辺に利用者が座ると、図書館員と利用者の位置が九〇度になります。この場所は双方からのプレッシャーを回避できる位置で、話しやすい環境をつくれます。

この位置を意識してみましょう。

最近の図書館のレファレンスデスクには、勾玉《まがたま》型の形状になっているものがあります。これは利用者との位置が自然に九〇度になるように設計されたもので、使い勝手がよいデスクだと思います。

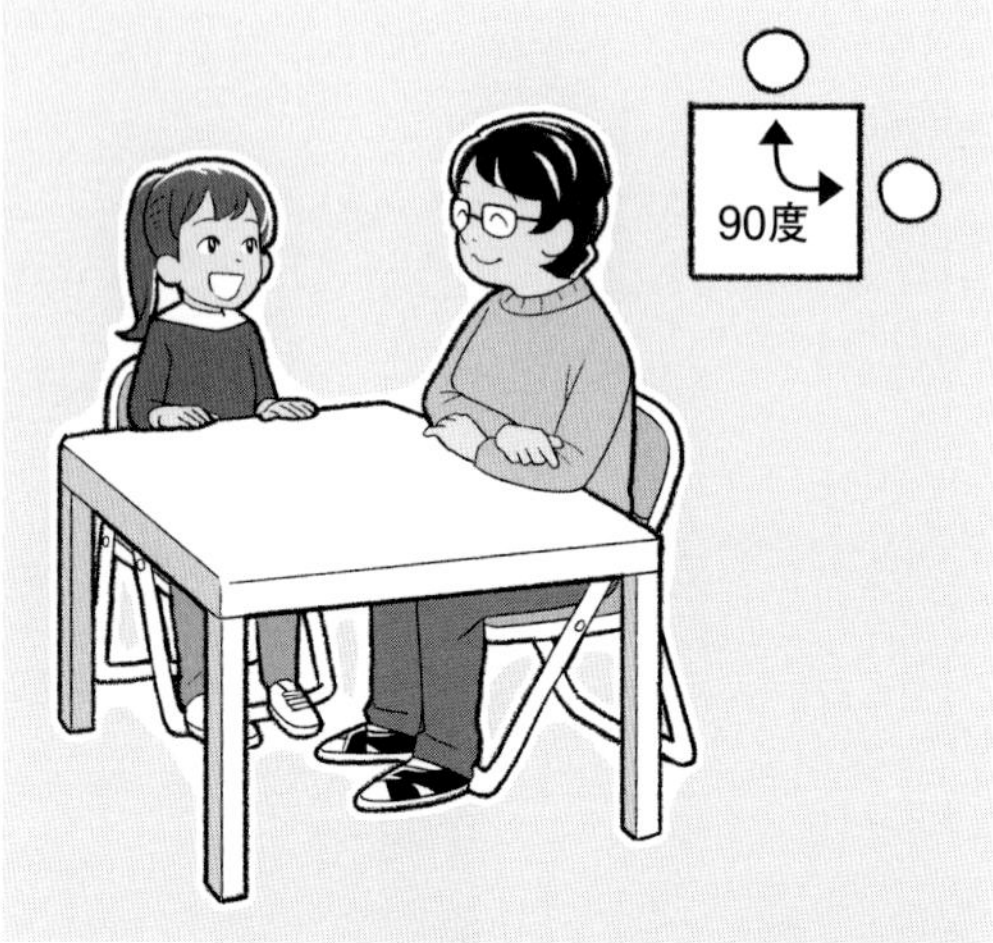

お互いに話しやすいのは“90度”の位置関係。

画像提供：柳瀬寛夫（岡田新一設計事務所）

勾玉型デスクの写真。画面上の情報の共有も楽です。

目線の高さを合わせる

利用者と目線の高さを合わせることがインタビューの基本です。たとえば、大人が立ったまま子どもに対応すると、上から覆いかぶさるような感じになり、大きなプレッシャーを与えてしまいます。まず、目線の高さを合わせることを基本に考えます。これは相手が小学生でも高校生でも同じです。立っている利用者には立って対応し、もし自分が座っていれば、利用者にも座ってもらうように促してみましょう。

目線の高さを合わせることで、利用者のプレッシャーを減らします。

会話の速度を合わせる

人にはそれぞれ、話しやすい会話のリズムがあります。そのリズムを保つために会話の速度を合わせていくことも、有効なコミュニケーションのための要素です。早口の人には早口で受け答えをして、ゆっくり話す人にはゆっくりした会話を心がけるようにします。

バックトラッキングを活用する

利用者から質問を受ける時、多くの場合、図書館員よりも利用者の方が質問についての知識は豊富です。つまり、図書館員はなんの予備知識もなく、利用者からの質問を受けることになります。時には全く知らないことを質問されて、頭が真っ白になることもあります。

このような事態を回避する方法の一つに〝バックトラッキング〟があります。これは、相手の言っていることを口に出して繰り返すテクニックです。たとえば高校生がいきなり「〝シュレーディンガーの猫〟ってなんですか?」と聞いてきたとしましょう。その言葉について知らなくても、一度「なるほど、シュレーディンガーの猫について調べているんだね」と声に出して言ってみましょう。発声によって頭が回転し、次の対応が頭に浮かびます。単純なようですが、これは意外に効果があります。

相づち、うなずきが最も有効

以上のことを頭に入れながらレファレンス・インタビューをするわけですが、最後に最も重要な技術をお伝えします。それは、〝相づち〟と〝うなずき〟です。

相手の目を見て、オーバーアクションでうなずいてください。「あ！　この人、私の話をちゃんと聞いてくれている」と思ってもらうことが、話しやすい状態をつくり、会話を促す基本となります。

私の経験ですが、さまざまな図書館に招かれて研修会の講師を務めることがあります。講演を始めてから、会場で必ず確認することがあります。それは私の話に〝うなずいてくれる人〟や〝笑って反応をしてくれる人〟の有無です。そういう人がいると「あ！　私の話をちゃんと聞いてくれている」と思えるので安心できるし、話しやすくもなります。逆に言えば、皆さんが大好きな作家の方などの講演会に聴衆としていった場合、講師からよく見える場所に陣取り、オーバーアクションでうなずいてみせると、その講師の方はあなたを意識して話をしてくれるかもしれません。だまされたと思って試してみてください。

“ちゃんと聴いていますよ” とはっきり伝えてあげましょう。

このような技術を参考にしていただき、〝聴き上手〟な図書館員になってください。

3節　その他、覚えておきたいテクニック

目の速さ

情報を探す時にはキーワードがたいへん重要です。いざ関連する資料を見つけ出しても、その中のどこにそのキーワードがあるかを探さなければなりません。ここでいう「目の速さ」とは、出てきた情報の中からキーワードがどこにあるのかを見つける速さです。

インターネットやパソコン上の文書では、検索機能でキーワードを探すことができますが紙の本の場合は、図書館員の目がその機能を果たします。本をすべて読んでキーワードを探していたのでは、いくら時間があっても足りません。読むのではなく、ページの文字列を素早く見て、キーワードを見つける「目の速さ」が大切になります。時には〝目を走らせる〟訓練を意識してやってみることも必要です。

自分の限界を知っておく

調査をする場合、時間をかければ的確な情報にたどり着けるというものではありません。重要なのは〝発想力〟です。

調査をしていると、この発想力が枯渇する場合があります。その時間はそれぞれの人で違うと思いますが、一五分だったり、二〇分だったりします。

一つの調査を延々と続けるのではなく、一定の時間を区切って行うことをお勧めします。もしその時間内に答えが出ない場合は、その問い合わせを一度お預かりしておいて、全く違うことをやるのです。事務作業でもいいですし、書架整理でも構いません。とにかく、利用者から受けた質問とは関係ない仕事をするのです。

ほかのことをやっていても、頭の中には利用者からの質問が残っています。そのうちに「そうだ、あの資料を見てみよう」とか、「あの分類のところも関係するぞ」「視聴覚資料も当たってみよう」といった発想が浮かんできます。

利用者の質問にすぐに答えられないというデメリットはありますが、適切な情報を提供するためにもぜひ試してみてください。

▼時には利用者から離れるのも有効

学校図書館では、あまりないケースかもしれませんが、利用者から難解な質問を受けてレファレンス・インタビューを続けていると、〝利用者の前にいる〟というプレッシャーのために調査戦略を考えられなくなる場合があります。

そのような時は、意識的に利用者の前から一度離れてみましょう。離れた段階で自分の気持ちが「ホッと」解放され、新たな発想や調査戦略が思い浮かぶようになります。

離れる理由はなんでも構いません。「ちょっと該当する資料を見てきますね」という理由で利用者の前を離れ、関連する書架に行くだけでも効果があると思います。

4節　子どもが自ら調べる能力を身につける

▽調べているのは誰か？

レファレンス・デスクにいると、さまざまな問い合わせが舞い込みます。その時に私たち図書館員はどのようなやり方で対応しているでしょうか。

まず、利用者をデスクの前に座らせ、図書館員が図書館の中を駆けずり回って資料を集め、利用者の前に何冊かの資料を差し出すというやり方があります。

また、カウンターの中から当該資料があると思われる書架を指差し、「あそこの棚に資料がありますよ」と言って、利用者だけを書架に行かせるというやり方もあります。

これら二つの方法は私もしたことがありますが、いつも違和感を覚えていました。この違和感の背景には、「調べているのは誰か？」という、レファレンスの根幹に関わってくる問いがあります。

調べる主体はあくまで利用者で、図書館員ではありません。利用者が自分で調べられるようにサポートするのが、私たち図書館員の仕事だと思っています。

利用者を席に座らせ、図書館員が調べて「はい、これですね！」と資料を差し出すのは、利用者不在の調べ方のような気がしてなりません。

私は公共図書館職員の時に、次のようなやりとりをしたことがあります。

ある女子大生の利用者がレポートを書くための資料を求めてきました。なんについて書くのか、主題はわかっていましたから、その主題に関する本が当館にあるか、一度彼女と一緒にＯＰＡＣ（利用者用蔵書検索端末）で検索をして、彼女が見てみたい本をピックアップしてもらいました。彼女は三冊の本を検索結果の書名から選びました。その資料名をメモして、彼女と一緒に書架に行きます。書架には類似の資料がたくさんあります。私は、彼女がＯＰＡＣの中から見つけた本を探し出し、その本の背を書架から少し引き出してあげます。書架から抜き取って彼女に渡すことはしません。

ここがポイントです。背を少し出すだけにして、「さっきパソコンで選んだ本はこの三冊だよ。その本の内容を自分で確認してみてね」と言って自分で手に取ってもらいます。その横で私は、ほかの本を見ながら彼女に「本を見る時は目次が役に立つよね」と言ったり、「本の巻末にある索引も便利だよ」とアドバイスをしたりして、彼女の調べものをサポートしていきます。

ヘルプよりもサポートを

このように書架の前に行き、コミュニケーションをとりながら調べもののサポートをしていくと、やがて利用者は自分自身で調べ始めます。彼女の場合も、ＯＰＡＣで選んだ三冊以外の本に手を伸ばし、目次を見たり、索引を見たりして自分で本を選び始めました。

これは一つのケースで、すべての調べものに当てはまるわけではありません。しかし、利用者と一緒に書架に行

背を少し引き出して、自分で本を手に取るように促します。

き、一緒に調べる中で、利用者も調べ方を理解していく例の一つです。結果として彼女は五冊の本を借りました。ＯＰＡＣで選んだ三冊のうちの一冊と、私が書架の前で選んだ一冊、そして彼女が自分で書架の中から選んだ三冊（自分で選んだこの三冊に価値があるのです！）を手にして帰っていきました。

もし彼女に「その本ならあそこの書架にあるから、行ってみて！」と伝えるだけで、図書館員が一緒に書架に行かなかったらこのような状況になっていたでしょうか。もしかしたら彼女はどこかであきらめてしまったかもしれません。

調べているのは利用者です。利用者と一緒に書架に行き、図書館員がサポートをすることで、利用者が自分で調べるきっかけを身につけていく場合もあります。答えを出すことも必要ですが、調べ方を伝えていくことはもっと重要な私たちの仕事だと思います。

次のような比喩があります。「飢えている人がいたらあなたは魚を釣ってやりますか、それとも魚の釣り方を教えますか」※というものです。魚を釣ってあげるとのは〝ヘルプ〟です。魚の釣り方を教えてあげるのは〝サポート〟だと思います。私は、ヘルプよりもサポートができる図書館員になりたいと思っています。

学校図書館も忙しい職場だと思います。子どもたちと一緒に書架まで行く時間を節約した

※『コーチングの技術 上司と部下の人間学』（菅原裕子 著、講談社、2003）より

くなる場合もあるかもしれません。でも子どもたちと書架の前に行き、サポートしていくことで、子どもたちは自ら調べる能力を身につけることができます。そしてその能力は、子どもたちが自分で新たな可能性を育てることにつながっていくと思います。

第3章

レファレンスとインターネット

1節　インターネットとレファレンスの関係

インターネットは魔法の鏡？

現在、情報を入手しようと思うと、誰もが最初にインターネットを使っています。知りたいことに関するキーワードを検索エンジンに入力し、ヒットしたサイトの中から答えを見つけ出すのが当たり前です。

しかし、インターネットには限界があることも事実です。情報の洪水の中で誤った情報や古い情報を使ってしまうことも起きています。

このようなインターネットの負の側面を補い、情報に対する信頼性を担保する機関として図書館は機能すべきです。その意味では、図書館員はインターネットの上手な活用方法やインターネット上の有効な情報源についても熟知していなければなりません。その上で、的確な情報入手やその方法を利用者に伝えていく＝人的支援を行う必要があります。

私が公共図書館のレファレンス・カウンターにいた時の話です。

金属の比重を調べる中学生

三人の中学生がカウンターに来て「インターネットを使いたい」と言ってきました。当時、レファレンス・カウンターの横に二台のインターネットに接続したパソコンがあり、利用者に開放していました。すぐに空いているパソコンを三人に貸しました。近くにいた私は、三人が何を調べているのかが気になり、声をかけてみました。

「何を調べているの？」

「金と銀と銅の比重です。インターネットを使って調べようと思っています」

「そうなんだ」と言いながら、そのまま調べさせました。

少したってからもう一度彼らに聞いてみました。

「調べられた？　金と銀と銅の比重は出てきたかな？」

すると首をかしげながら「いろいろ出てきて、わからなくなりました」とのこと。

「そうか、じゃあ、インターネットではなく、本の情報で調べてみたら？　こっちに来てごらん」と言いながら鉱物に関するレファレンスブックがある棚に案内しました。

鉱物に関する図鑑などは、ビジュアルで使い勝手のよい本が出版されています。『鉱物資源百科辞典』（日刊工業新聞社、一九九八）や『楽しい鉱物図鑑』（草思社、一九九二）など、数冊の資料を取り出し、〝金〟の項目を調べさせました。そこには、たいへんきれいな鉱物としての〝金〟の写真と詳細な説明が載っていました。当然、比重に関する情報も出ています。三人は「この本の方が使える」「これでまとめようぜ！」と言いながら数冊の資料を手にして自分たちの机に戻っていきました。

今の子どもたちにとって、インターネットは〝魔法の鏡〟のようなもので、なんでもわかるという先入観があるようです。しかし、この事例のようにインターネットでは検索結果が多すぎてわかりにくく、本を使った方が信頼性のある情報を的確に見つけることができる場合も多くあります。

利用者のみなさんと一緒に調査を行い、サポートをするのが図書館員の仕事です。これは、情報に対する信頼性を担保するお手伝いをしているともいえますし、情報の活用方法を伝えること＝情報リテラシー教育を行っているともいえます。

今日では、学校図書館にとって情報リテラシー教育は重要課題の一つであると思います。

私がここで解説する、公共図書館でのインターネットに対する基本的なスタンスや技術も参考になると思います。

▼インターネットのメリット・デメリット

まず、インターネットのメリットとデメリットについて解説したいと思います。メリットについては、みなさん日常的に使っているのでご存知だと思いますが、私の授業の中では、以下のように説明しています。

①コンテンツを自分で作成し発信できる
②ブラウザによって操作が標準化しているため使いやすい
③双方向性をもったネットワークである

また、図書館でのインターネット活用の様態として挙げられるのは以下の通りです。

①インターネット上の情報の提供（インターネット接続パソコンやWi-Fi環境の整備）
②図書館情報（所蔵情報や地域情報等）の発信
③双方向性を使ったレファレンスやリクエストの受付・回答、相互貸借での活用

④レファレンスツールとしてのインターネット情報の活用
⑤これらを複合した活用

問題なのは、インターネットのデメリットの方です。インターネットの活用には注意を要することがいくつかあります。これについても一般的に浸透してきていて、今さらお伝えする必要もないかもしれませんが、子どもたちに活用法を伝える時には押さえておかなければならないことだと思います。ここでは、三つの問題点を挙げてみたいと思います。

▼情報の信頼性の問題について

インターネットの情報は、誰もが発信できます。それがメリットであるわけですが、情報の信頼性については甚だ疑問があります。他人が作った情報を孫引きしたものや確証のない情報などが非常に多く発信されています。

ある研修会での出来事をお話しします。

「インターネット上の情報には信頼性に欠ける情報が多く含まれるので十分に注意してください」と話していると、ある図書館員から次のような質問を受けました。「インターネットの情報に信頼性はないというが、それでは本の情報には信頼性があるのか、本の情報だって間違っていることを書いているものがあるではないか」

そのとおりだと思いました。でも私は次のように答えました。

「本とインターネット上の情報で大きく違う部分があります。本は誰がその情報に責任を取るのかが明確になっています。一方、インターネットの情報は誰が発信しているのかが不明確なものが多く、十分注意が必要です」

「信頼性がある」とは、単に情報の間違いが少ないことだけではありません。その情報を誰が作成したのか、もし間違いがあった場合に誰にいえばいいのか、そして誰が責任を取るのかまでがわかっていることだと思います。

図書館員は〝出典提供〟をしていると言いましたが、それは、誰（どこ）が責任を取るのかがはっきりした情報を提供するということです。

したがって、インターネット情報を使う時にも、誰（どこ）が発信しているのかを意識しながら使う必要があるのです。

そのための方法の一つとして、ＵＲＬに含まれるＪＰドメインのチェックがあります。たとえば、比較的信用できるサイトの例としては「日本国の政府機関、各省庁所轄研究所、独立行政法人など」の機関が発信しているものがあります。これらのページのURLの中には、〝go.jp〟というJPドメインが入っています。また、〝lg.jp〟というJPドメインが入っていれば「地方自治法に定める地方公共団体のうち、普通地方公共団体、特別区、一部事務組合および広域連合等」が発信しています。また〝ac.jp〟が入っていれば「大学などの高等教育機関」のサイトです。

こうしたドメインを手がかりに、常に信頼性がある出典を意識するように伝えています。

情報の再現性の問題について

〝本〟は、出版されれば長い時間残ります。先人が残してくれたさまざまな知識を格納した本は、機器を使わずそのままで読むことができ、何度でも読み返すことができます。しかし、デジタル情報は、なんらかの機器（パソコンやDVDプレーヤーなど）を使わなければ読むことはできません。またインターネットの情報はブラウザでなければ見ることはできません。その点、本との違いははっきりしています。

また本が「見られなくなる」ということは、現代ではまれです。たいていの本はどこかの図書館に所蔵されているし、国立国会図書館にはほぼすべての本があるので、本に書かれた内容を見られなくなることは少ないと思います。しかし、インターネット上の情報は消えてしまう、あるいは場所が変わってしまうことが多々あります。「それは次のＵＲＬのサイトに詳しく出ているので見てください」という案内をクリックしてもつながらない、あるいは過去に保存していたブックマークにアクセスできないという経験をしたことがある人は多いと思います。

過去に存在した情報が、今は確認できなくなっている可能性を常に頭に入れておく必要があります。アーカイブというものもありますが、これも絶対ではありません。

情報の鮮度の問題について

後ほど説明しますが、情報の〝鮮度〟の問題も十分に気をつけなければなりません。インターネット上の情報は、簡単に更新ができるので最新の情報が載っていると思いがちですが、古い情報もたくさん残っています。まずそのサイトが信頼に足るかどうかを見極め、その上で最新の情報かどうかを確認する必要があります。以上の三つの問題点は必ず学生に話し、インターネット上の情報を使う時の姿勢として頭に入れてもらっています。

2節　ハイブリッドなレファレンス

ここでは、あるレファレンス事例をもとに、本とインターネットのお互いの長所を組み合わせた情報の調べ方を解説したいと思います。

「二〇三〇年の日本の推計人口を知りたい」という問い合わせを利用者から受けたとして、学生に一週間で調べてもらうことにします。彼らの調査内容を参考にしながら、図書館員の調べ方と比べてみることにします。

彼らはいかにして調べるでしょうか。

もちろん最初はインターネットです。検索エンジンに「2030　日本　推計人口」と入力して検索する学生が多いです。

そして検索結果のトップから数件目までに〝二〇三〇年の推計人口〟があればそれをクリックし、その数字をそのまま回答としてくる場合が多くあります。たとえその推計人口が一〇年前に推計された古いデータでも、検索結果の上位にあれば、それを選んでしまう学生もいるのです。

将来推計人口を調べる場合、求められている年（この場合は二〇三〇年）に一番近い時点で推計された人口値の方が誤差は少なくなり、信頼性が高くなります。しかしこの場合では、そのことに対する配慮よりも検索結果の順位を優先してしまっています。

検索結果の上位が適切な情報とは限りません。

インターネット上の情報を活用するには情報の鮮度への配慮がとても大切なのですが、それが無視されているのです。全員ではありませんが、このような回答をしてくる学生がいることが問題なのです。

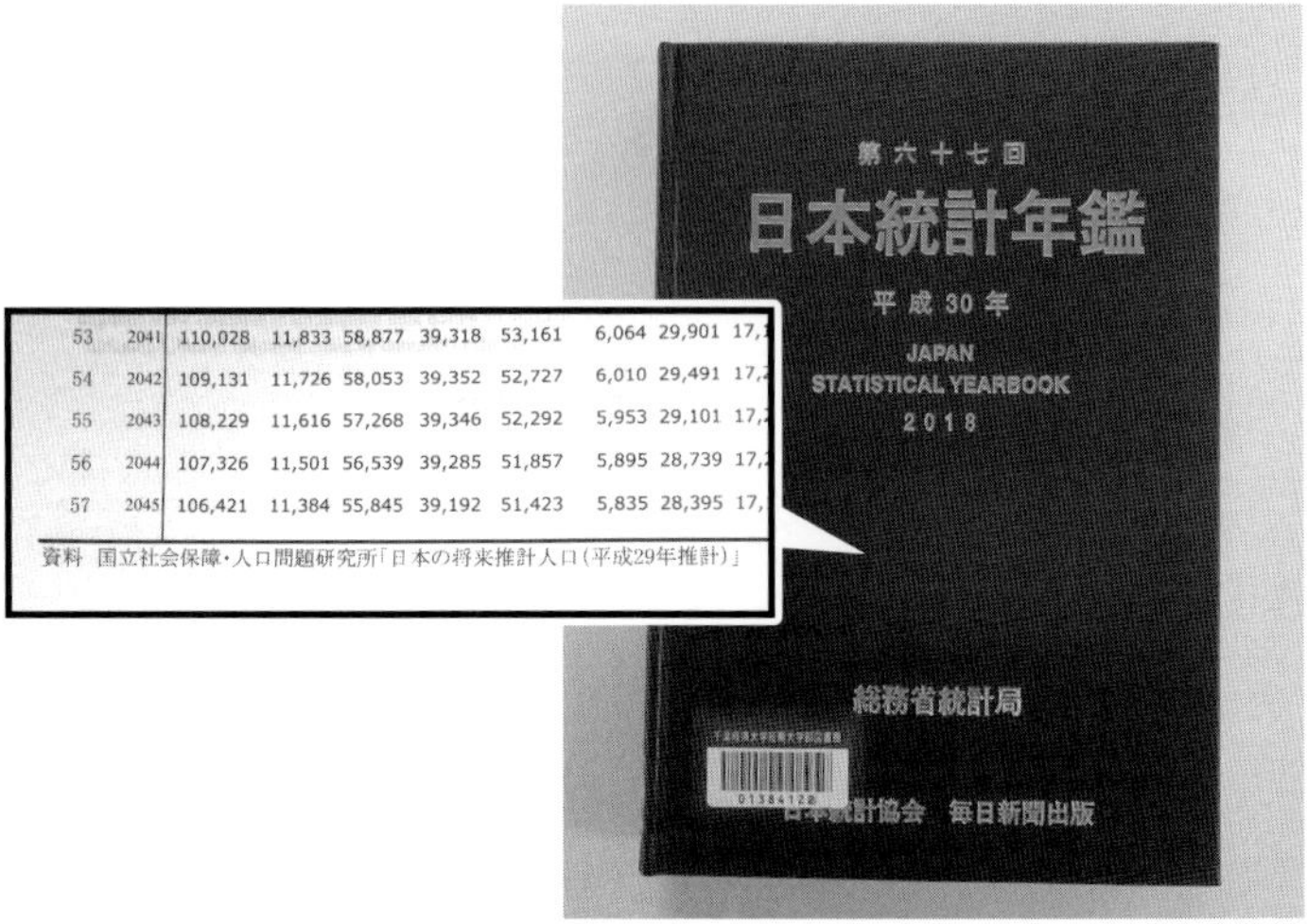

統計の欄外に記されている出典に注目しましょう。

互いの長所を組み合わせた調べ方を

では、私がこの質問を利用者から受けたらどうするでしょうか？

まずレファレンスブックの『日本統計年鑑』（日本統計協会・毎日新聞出版、年刊）を見ます。利用者の前で、『日本統計年鑑』を見せながら調べます。目次や索引を使いながら〝推計人口〟の項目を見つけ出します。そこに載っている二〇三〇年の人口の推計値を提供しますが、その数字を提供しながら、利用者に次のように話しかけます。

「この資料の重要なところは、記載されている数字ではなく、ここですよ」と言って、欄外を見せます。そこには、推計人口の出典（一次統計）として〝資料　国立社会保障・人口

国立社会保障・人口問題研究所のサイトでは最新の情報が得られます。

問題研究所「日本の将来推計人口（平成○○年推計）〟と記述されています。この内容を利用者に見せながら、インターネット上の当該出典サイトを紹介すると思います。

本の情報は出版された時から更新されることはありません。インターネット上の情報は、最新情報に更新されている場合があるため、情報の鮮度を確認するために出典である「国立社会保障・人口問題研究所」のサイトを見るわけです。

インターネットだけで、必要とする統計情報を見つけ出すことは、なかなか難しいと思います。本の情報に出ている出典からインターネットのサイトを当たった方が的確な情報にたどり着きやすい場合もあるのです。これこそ、二つの情報源を一緒に用いて、それぞれの利点を生かした、まさにハイブリッドなレファレンスといえるのではないでしょうか。

なお、学校図書館にある統計資料としては、『日本統計年鑑』以外には『日本のすがた　表とグラフでみる　日本をもっと知るための社会科資料集』（矢野恒太記念会、年刊）や『日本国勢図会　日本がわかるデータブック』（矢野恒太記念会、年刊）、また『日本の統計』（総務省統計局、年刊）などがある思います。これらの資料を使う時も同様に、出典確認が重要であることを伝えてください。

私たちの仕事は情報提供ですが、それだけではありません。有効な情報源を伝えるとともに、その使い方も伝えていくことがたいへん重要な仕事です。

インターネットと本の情報を組み合わせることによって的確で鮮度の高い情報にたどり着くこと、また情報の信ぴょう性を判断したり、自分にとって必要な情報を取捨選択したりする方法は、子どもたちにとって非常に役立つと思います。ぜひ教えてあげてください。

第4章

レファレンスブックを使いこなそう

1節　よく使うレファレンスブックとその活用法

高価なレファレンスブックは必要ない？

ほかの図書館員が「高価なレファレンスブックを買っても使わないから宝の持ち腐れ！」と言うのを聞くことがあります。たとえば66ページで登場した、私がレファレンスでよく使う『日本統計年鑑』は約一万五〇〇〇円という高価な本ですが、日本の統計に関する問い合わせには欠かせない資料です。ところがある図書館に行って書架を見ると、二〇〇八年でこの資料の購入を取りやめているのがわかりました。そこの図書館の方に聞いてみるとこんな答えが返ってきました。

「あの本、買っても利用者の方が使わないんです。宝の持ち腐れなんです」

こうしたケースはよくあるのですが、私はいつも「それは違う！」と思っていました。使われない理由は、利用者だけではなく図書館員にもあると思います。

レファレンスブックは、ただ単に書架に並べておけばよいというものではありません。機会があるごとに図書館員が活用して、その使い方を利用者に見せていくことで、利用者は役立つ資料があることを認識するのです。高価で貴重なレファレンスブックを宝の持ち腐れにしないためには、図書館員の姿勢が大切です。

私の授業を受けている多くの学生は、こうした便利なレファレンスブックがたくさんあることを知りません。それは、彼らの責任だけではなく、図書館員の責任でもあると思います。図書館員が率先して、便利なレファレンスブックの使い方を見せていくことが必要です。

なお、『日本統計年鑑』は、現在はインターネット上に公開されています。わざわざ購入しなくてもよいのですが、この本がどのような資料なのかを知らないとインターネット上の情報も使えず、それこそ宝の持ち腐れになります。図書館員であればこの資料の使い方は熟知しておく必要があると思います。

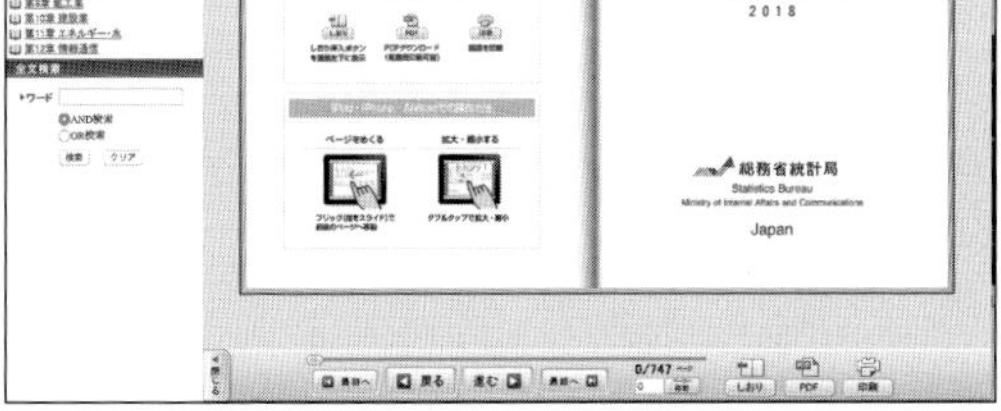

インターネットで全ページ閲覧ができます。

▼基本レファレンスブックを知る

以前、東京の多摩地域の九〇名の図書館員が、日常的に活用しているレファレンスブックについて調査したことがあります。

この調査結果は、「こいつは使える！レファレンスブックあなたの10冊　アンケート集計結果」（参考調査実務担当職員懇談会、一九九九）としてまとめていますが、その後出版される『実践型レファレンス・サービス入門　補訂版』（日本図書館協会、二〇一四）という本の巻末にも掲載されています。

最も得票を集めたのは、『日本大百科全書』（小学館、一九九四）でした。この資料は、ビジュアルが豊富で使い勝手のよい百科事典です。特に各項目末に参考文献が載っているものがあり、関連する次の資料を探し出すときに役に立ちます。ただ、書籍版の方は一九九〇年代以来改訂がなく（有料データベース「ジャパンナレッジ」の中では改訂がされています）、絶版となり、だいぶ古くなってしまいました。学校図書館では、百科事典といえば『ポプラディア総合百科辞典　新訂版』（ポプラ社、二〇一一）かと思いますが、『日本大百科全書』もまだまだ使える有効な資料です。

『日本大百科全書』の次に活用が多かった資料は、『国史大辞典』（吉川弘文館、一九七九－

一九九七）、『日本国語大辞典 第二版』（小学館、二〇〇〇―二〇〇二）、『広辞苑（第七版）』（岩波書店、二〇一八）、『理科年表』（丸善出版、年刊）、『大漢和辞典 修訂第二版』（大修館書店、一九八九―二〇〇〇）、そして『現代用語の基礎知識』（自由国民社、年刊）となります。

この調査は一九九九年に行われたものですが、二〇一五年にも同様の調査が行われています。二〇一五年に行われた「図書館総合展」で元昭和女子大学教授の大串夏身先生が発表し、インターネットでも公開されている「図書館員が選んだレファレンスツール2015」※です。参考図書部門のランキングで最も得票を集めたのは、『国史大辞典』でした。二位以下は次のとおりです。『角川日本地名大辞典』（角川書店、一九七八―一九九〇）、『日本国語大辞典』、『理科年表』、『世界大百科事典』（平凡社、二〇〇七）、『大漢和辞典』、そして『日本大百科全書』となっています。

レファレンスブックに関する限り、基本となる資料は一九九九年の調査とそれほど変わっていません。上位にある資料は、その使い方を知っておく必要があります。

ここでは、学校図書館でも役に立つ基本的なレファレンスブックとその活用方法を、順次ご紹介していきたいと思います。

※：http://www.nichigai.co.jp/cgi-bin/ref2015_result.cgi

▼使ってる？　百科事典の索引巻

まずは百科事典です。私が百科事典の使い方やその活用法を伝える時に使っているのは、やはり『日本大百科全書』です。

百科事典活用のポイントは〝索引巻を引くこと〟です。調べたい事柄がある時、多くの人がその事柄が含まれていそうな巻を引きます。それはそれで正しいのですが、索引巻を使うとさらにプラスアルファの情報を引き出すことができます。そのことがよくわかる事例を用意しておいて、子どもたちに〝索引巻を引くこと〟のメリットを伝えると有効だと思います。私がよく使う事例を紹介します。もし『日本大百科全書』を所蔵していれば、ぜひ試してみてください。

調べる内容は「駿河湾の海底図を見たい」という問い合わせです。単純に『日本大百科全書 第13巻』の〝駿河湾〟の項目を見ると海底図の小さなビューマップが出てきます。これで満足するのではなく、『索引巻』で〝駿河湾〟を確認してみてください。『同第4巻』の〝海底〟の項目も見なさいというガイドが出ています。この項目を見るとより詳細な駿河湾の海底図が出てきます。利用者にたいへん喜ばれた事例です。このような事例は『ポプラディア』でもできると思います。ぜひ索引を引くことが調べることの基本技術であることを伝えてください。

なお、先ほども言いましたが、印刷媒体の百科事典は、長らく改訂が行われていません。『世界大百科事典』が二〇〇七年に改訂を行っているのが最後かと思います。したがって使うときは情報の鮮度には十分に注意をしてください。

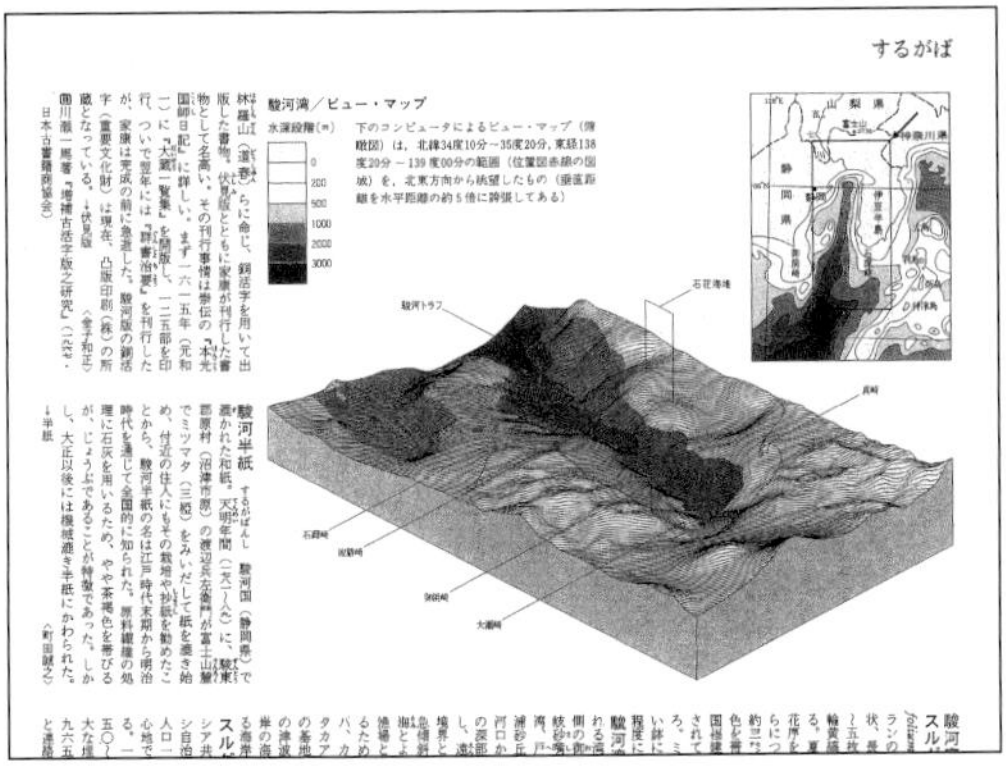

“駿河湾”の項目にも海底図はありますが……。

駿河湾　⑬232 C 地　→海底④664別

索引巻には４巻“海底”も参照せよとあります。

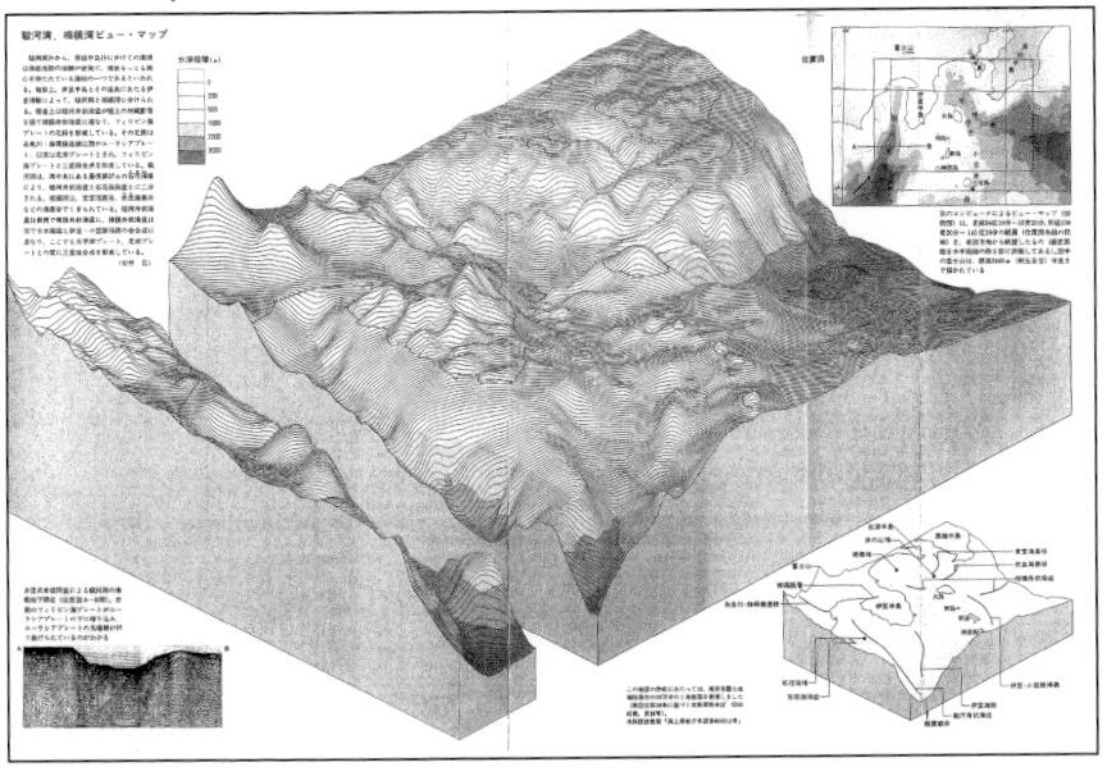

“海底”の項目には、さらに詳細な図があります。索引を活用することで見つけられた図です。

「駿河湾」「海底」『日本大百科全書（ニッポニカ）』より

▼理系のレファレンスは『理科年表』にお任せ

また、〝理科〟に関することを調べるのに便利なレファレンスブックがあることも伝えてみてください。それは『理科年表』といって、天文や気象はもちろん、動物や植物のことも、環境問題についても調べられる優れものです。学生に自然科学のレファレンス課題を出して調査のアドバイスをする時、「この課題は小学校の時、なんの科目で習った？」と質問することがよくあります。学生が「理科」と答えれば「理科の基本レファレンスブックはなんですか？」と聞きます。学生は即座に『理科年表』と答えます。そこから「じゃあ、『理科年表』を確認してみよう」という流れになります。

判型はA5判（ポケット版はA6判）と小さな本ですが、〝小さいけれど力持ち〟というイメージです。変わったデータとしては、「脊椎動物の寿命」「桜の開花日」「都市間の距離」なども掲載されているので、ぜひ開いてみてください

▼地図帳もレファレンスブックの一つ

これは事典・辞書ではありませんが、学生には〝地図帳〟の話をよくします。特に高等学校の授業で使う〝高等地図帳〟についてです。

地図帳といえば、当然地図がメインなのですが、注目したいのは、巻末の付録部分です。ここには、世界の国々の面積や人口などの統計情報や、世界の山の高さや湖の大きさのランキングなどが掲載されていて、レファレンスではよく使われる部分です。〝地図〟というイメージとは違う部分があることを強調して、資料として地図帳が印象に残るようにしています。

児童書を活用しよう

学校図書館に勤務する図書館員であれば当然ご存知だと思いますが、最近のノンフィクション系の児童書はたいへんよくできています。公共図書館の大人のレファレンスに答えるためのツールとしても役立っています。子どもたちにわかりやすく伝えるために丁寧で、かつ綿密に作られている資料がたくさんあります。難しい漢字にはちゃんとルビがついていることも役に立ちます。

最近の公共図書館では、児童の利用が減っているわけではありませんが、大人の利用が増えていて、仕事絡みの問い合わせも多くなっています。その町に住む人の仕事支援や起業・創業支援、あるいは自分のスキルアップなどに図書館が関わっているわけです。このような事例がありました。

炭焼きについて知りたいサラリーマン

若いサラリーマン風の男性が来て「炭焼きの工程を写真で追った資料がどうしても欲しい」という問い合わせを受けたことがあります。インターネット上では断片的にしか出てこないので、図書館に調べに来たようです。

炭焼きは十進分類の658にあたるので、そこに案内しましたが、炭焼きの工程を写真で全部追っているような資料はなかなか出てきません。そこで児童書のコーナーに案内し、『つくってあそぼう20　火と炭の絵本　炭焼き編』（農山漁村文化協会、二〇〇六）を提供しました。この本にはドラム缶で炭焼きをする工程が写真で全部載っていました。

「児童書のコーナーに行きましょう」と言うと、

『つくってあそぼう20 火と炭の絵本 炭焼き編』より

わかりやすい児童書はレファレンスの強い味方です。

その人は「なぜ児童書なのか？」いぶかしむ顔をしました。しかし、この資料を渡すと反応が全く変わりました。「児童書ってすごいですね、この資料使えます」と喜んでもらえました。やはり図書館のあらゆる資料を知っている図書館員がいるからこそ、求められた資料が提供できたと思います。なお、著作権に注意することも伝えています。

これは公共図書館の事例ではありますが、中学・高校でのやや難しいレファレンスでも有効な方法です。ちょっと簡単かな？　と思うような児童書のノンフィクション系の資料もチェックしてみる価値があると思います。

〝辞書の中の辞書〟を子どもたちに見せてほしい

ここまで、基本的なレファレンスブックや私がよく使う資料のお話をしてきました。

これらの資料は公共図書館でよく使われる資料であって、学校図書館では縁遠いという声があるかもしれません。また、子どもたちのニーズとマッチしないとか、子どもたちには難し過ぎるとか、あるいは学校図書館では所蔵していないなどのお叱りの声も聞こえてきそうです。

しかし、あえてお願いがあります。現在、子どもたちが辞書に出合う機会が本当に少なくなっています。小学校低学年ではちょっと難しいかもしれませんが、小学校高学年以上の子どもたちにはちょっと背伸びをさせて、〝本物〟といったら語弊がありますが、こうした〝辞書の中の辞書〟を見せてあげてください。少しでも興味をもち、頭の片隅に辞書のイメージが残っていれば、将来、調べ学習や大学のレポートといった場面できっと役に立つと思います。

たとえばハンディー版の国語辞典の世界しか知らない子どもたちに、別巻を入れると全一四巻にもなる国語辞典の『日本国語大辞典』があることを見せてもらえたらと思います。使い方や特徴などの説明は不要です。ただ、〝こんなに大きな国語辞典がある〟というイメージだけでいいのです。ほかにも『大漢和辞典』を見せながら、こんなにたくさんの漢字が世の中にはあること、それを集めるとこれだけのボリュームの辞書になることなどを伝えてあげてください。また、『国史大辞典』は日本の歴史についてまとめた最大級の辞典です。この辞典の良いところは、各項目に参考文献が載っているところと、索引がしっかりしているところです。特に、三分冊の索引巻、第15巻は印象的です。

全 14 巻におよぶ『日本国語大辞典』。子ども用の国語辞典（写真右下）と比較してみましょう。

2節　面白いレファレンスブックの世界

世の中には、風変わりなレファレンスブックや安価なのに役に立つレファレンスブックがあります。私が授業で紹介するものをいくつか紹介します。中学・高校生なら十分活用することができると思います。

『日本史年表・地図』（吉川弘文館、年刊）

安価ですが、使い勝手のよい資料です。毎年刊行されますので、過去の出来事が年ごとに簡潔にまとめられています。最新刊を見れば一年前までの政治、外交・通商、経済、社会、文化、世界史の主な出来事を調べることができて、年表を作る時などに、たいへん役立ちます。あとで紹介する『読売年鑑』も良いのですが、先史時代から一年前までの出来事が一覧できるのはありがたいです。

名数辞典

「三筆・三蹟《さんせき》とは誰か」や、「七福神を知りたい」といった、数字に関する言葉を調べる時には、名数辞典が使えます。いくつかの資料が出版されていて、『名数数詞辞典』（東京堂出版、一九八〇、絶版）、『和漢名数辞典』（木耳社、二〇一〇）などがあります。数字に関する言葉を集めた辞典でたいへん便利です。数字に特化した辞典があることを生徒たちに伝えておきましょう。

『読売年鑑』（読売新聞東京本社、年刊）

年鑑として生き残っているのが、『読売年鑑』です。年鑑としてももちろん役に立ちますが、この中に収録されている分野別人名録は有名人の連絡先が載っていて、特にありがたい情報源です。『文藝年鑑』（新潮社、年刊）にも文芸家の連絡先は載っていますが、より広い分野を扱っています。

『数え方の辞典』（小学館、二〇〇四）

日本にはものによって独特の数え方がたくさんあります。一本、一冊、一枚、一匹と挙げたらきりがありません。
その数え方（単位）を丁寧に解説している辞典が『数え方の辞典』です。ウサギの数え方とか、たんすの数え方など、子どもたちが興味をもちそうな数え方も載っていますので、うまく使ってください。この辞書の中にはコラムがあり、それがたいへん面白いです。「人魚」を数える時は、「匹」？「人」？ どちらだと思いますか？

『ウソ読みで引ける難読語辞典』（小学館、二〇〇六）
「海豚」は、「いるか」と読みますが、つい「うみぶた」とウソの読みで読んでしまいそうになりませんか？ この本にはそうしたウソ読みで引ける索引がついています。「百日紅（さるすべり）」は「ひゃくにちこう」、「雲雀（ひばり）」も「くもすずめ」が索引にあるのです。こんな方法で難読語を調べる手があることを伝えてみるのもよいでしょう。ただ、この資料を使う前に『漢和辞典』をきちっと使えないといけないと思いますが……。

『アレ何？大事典』（小学館、二〇〇五）
この『アレ何？大事典』は事典というよりも読み物ですが、子どもたちに読ませると面白いと思います。

さまざまなものの正式な名称がわかる資料です。たとえば、「パンの袋を止めているプラスチックの四角いラベル」（答えはクロージャー）とか、「辞書、百科事典などを入れる厚紙の箱」（答えは函《はこ》）、「梱包用に使うシートで、みんなプチプチしちゃうやつ」（答えは気泡緩衝シート）等々が載っていて、現物を見せながら正式名称を聞いてみると面白いです。

以上、私が授業で使う特徴的な資料を書いてみました。インターネットで調べられる事柄も多いのですが、レファレンスブックにも面白い本があることを子どもたちに伝えるために、ぜひ使っていただきたいと思います。

コラム

クイズ 小学生に聞きました

小学生が公共図書館を見学に来た時、私は子どもたちにいくつかの問いかけをします。

まず「みんな！本屋さんと図書館の違いってわかるかなあ？」と聞いてみると、「図書館は、タダで使える」と答える子がいます。

当たり前のようですが、これは図書館運営の根本に関わることです。図書館法第 17 条には「公立図書館は、入館料その他図書館資料の利用に対するいかなる対価をも徴収してはならない。」と定められています。条文は話しませんが、この無料の原則をきちっと伝えたくてこの質問をしています。

また、隠しておいた高価な資料をパッと見せて、「ここに 10 万円以上する資料があります。これも使えるんだよ！」というと「うおー！」と歓声が上がります。

「ほかに違うことはないかなあ？」と振ってみます。すると「図書館には、古い本がある」と答えてくれます。これも図書館運営の根本に関わることです。先人の知識を将来につなげる“保存”という大切な機能が図書館にはあります。江戸時代に発行された和綴《と》じ本を用意しておいて、「これ江戸時代の本なんだ。こんな古い本もあるんだよ。すごいよね！」と言うと、また「うおー！」という声が上がります。

さらに、「本屋さんと図書館の違いがもう一つあるんだけどわかるかなぁ？」ともう一度問いかけてみます。これについては子どもたちが答えられたことはありません。そこで、「それはね、おじさんがいるんだよ」と言います。図書館には司書がいることを教えるのです。しかし、子どもたちの反応は希薄で、キョトンとしている場合が多いです。それでもこう伝えます。

「図書館にはおじさんのように専門に働く司書という人がいます。みんながわからないことや疑問に思ったことがあったら、なんでも聞いてください。調べるお手伝いをしますよ」

無料の原則、保存機能、そして司書の存在をぜひ伝えたいと思い、このようなパフォーマンスを行っていました。学校図書館では、どんなことを伝えていますか？

第5章

調べることが楽しくなる演習

1節　基本レファレンスブックの探索ゲーム

この章では、演習形式でレファレンスの力が身につき、調べることが楽しくなる方法をお伝えしていきます。具体的には私の司書課程の授業で行っている、「基本レファレンスブックの探索ゲーム」「調査プロセス比較法」「即戦力演習」についてです。

学生にとっては意外にハードな演習ですが、一五回の授業の後半では、学生から「調べられるようになった」「調べるのが楽しくなった」などの感想を聞くことができます。

学校図書館でこれらの演習を行うことはちょっと難しいかもしれませんが、子どもたちに調べることの楽しさを知ってもらうために、部分的にでも参考にしていただければと思います。また、司書同士の研修会などで行ってみるのもいいでしょう。

以前、ある高校の司書教諭の先生からこんな話を聞いたことがあります。その高校では生徒による一斉掃除の時間が決められていて、その先生のクラスの掃除の受け持ち範囲は、自分の教室と図書館の掃除でした。クラスを二つに分け、一つのグループを教室の掃除、もう一つのグループを図書館の掃除に充てることにしました。

半年間が経過すると、二つのグループ間で図書館の利用に違いが出てくるそうです。図書館の掃除をしているグループの方が図書館の利用頻度が高くなるというのです。本格的に研究したわけではありませんが、こうしたケースはよくあるのではないでしょうか。

生徒たちは掃除しながらも、図書館内でさまざまな資料を目にするのでしょう。中には掃除する手を少し止めて本を開いたりする生徒もいるのかもしれません。しかし、それが図書館への親しみと活用にもつながるのだと思います。

私の授業でも、図書館の資料に親しむために、ゲーム感覚を取り入れたパフォーマンスを行っています。それが「基本レファレンスブックの探索ゲーム」です。

レファレンス・サービスの演習を行う時、まずはレファレンスブックについて知る必要があります。それには講義で知識を伝えると同時に、学生に実物を手に取って見てもらうことが効果的です。「習うより慣れろ！」「百聞は一見にしかず」です。

この演習によって、図書館にはさまざまなレファレンスブックがあり、それらが図書館のどこに配架されているかがわかります。一度でも手に取って開いた資料は印象に残るため、繰り返し行うことで、図書館がどんどん使いやすくなります。
では、その具体的な手法をお伝えします。

▼演習の手順

(1) 準備

A5サイズの用紙を用意します。上部に基本的なレファレンスブックの書名を書き、一番下の段に分類番号を記入するようにします。

この用紙を図書館で所蔵しているレファレンスブックごとに一枚ずつ作っておきます。

(2) 生徒に伝えること

生徒には、次のように伝えます。

①「ここに、基本的なレファレンスブックの書名と分類が書かれた用紙が何枚もあり、一枚一枚違う書名が書かれています。これから皆さんに、紙に書かれているレファレンスブックを図書館の中で見つけてもらいます。探すヒントは下段にある分類番号です」

②「見つけたら、その本の特徴を探してください。本の〝はしがき〟や〝序〟、あるいは〝凡

例〝や〝編集方針〟などを参考にしてください。たとえば、〝二〇万語を収録〟とか、〝配列が五十音順〟とか、簡単なことで構いません。もしわからなければその本の色や大きさでも構いません。その本を識別するための特徴を探してください」

③「その特徴が見つかったら、それを先ほどの用紙に書いてもらいます。ただし、一人が使える記入スペースは一行だけで、特徴を書いた後に自分の名前を書いて先生に提出してください」

⑶ 用紙を提出

生徒が用紙を提出してきたら、内容を確認して別の用紙を渡し、次のレファレンスブック探しに入ってもらいます。これを何回も繰り返していきます。

最初は一冊のレファレンスブックを調べるのに相当に時間を要しますが、だんだんと調査時間が短くなっていきます。これは、徐々にその図書館の状況がわかってくるからです。最初は面倒だと思っていた生徒も自分で調べられることがわかってくると楽しくなり、かつ調査の時間が短くなっていきます。

基本参考資料の特色

理科年表（丸善）

白くて 小さくて 厚さ5cm位

白地、小さい（手のひらサイズ）厚みあり

文庫本サイズ

基本参考資料の特色

現代用語の基礎知識（自由国民社）

赤くて 分厚くて 白字で題字

ジャンル別テーマに分かれている

基本参考資料の特色

読売年鑑（読売新聞社）

表紙に写真があり、背表紙が茶色の本

その年の年鑑、人名辞典つき

R/059/3/09-1

基本参考資料の特色を理解する

世界伝記大事典（ほるぷ出版）

茶色い表紙、大きい、巻数多い

赤茶色に金字の背表紙、カタカナとひらがなの背

R/280/せ

レファレンスブックを手に取り、特徴や印象を記入していきます。

▼演習のポイント

①生徒が本の特徴を調べることに没頭し、一冊の調査に時間をかけ過ぎる場合があります。この演習の目的は図書館の中をめぐり、多くのレファレンスブックに出合うことです。特徴を詳しく調べることではありません。記入するのは簡単な特徴でよいことを強調します。

レファレンスブックを連想するとき、「あの分厚い本」とか「表紙がソフトカバーの薄い本」とか、「モスグリーンの本」といった、形態や色から来る印象が大きいと思います。「『理科年表』は毎年背や表紙の色が変わるね」とか、「去年の『世界年鑑』は〝赤〟だったけど今年は〝青〟だね」というような覚え方も重要です。

②何度も繰り返すうちに、前の人が既に手に取った資料を探すことになります。その場合は、特徴が記入済みの用紙をもらうことになるので、ほかの特徴を探して書いてもらいます。

③最もリスクが高いのは、該当する本が見つからず、用紙を持ったまま図書館の中をウロウロして時間が過ぎてしまうことです。図書館員ができるだけ生徒のそばに行き、資料の見つけ方をどんどんアドバイスする方が良い結果につながります。この点はたいへん重要です。多くの資料を手に取ってもらえば、その後に行うレファレンス演習が楽になります。

2節　調査プロセス比較法

私はレファレンス・サービスで利用者の方に情報を提供したあと、いつも考えることがあります。それは「あの情報で本当に良かったのか、ほかの人が担当したらもっと良い情報を提供できたのではないか」という、自分の調査に自信があっても、どうしてもぬぐい切れない思いです。

実際の現場でこの思いに対処することはなかなかできませんが、ある演習で解消することができます。同じテーマのレファレンス結果を全員で比較する「調査プロセス比較法」です。

これは、東京の多摩地域で行われていた「三多摩レファレンス探検隊」の手法を応用したものです。この探検隊の中心人物であった斎藤文男氏（故人）が岩手県の花巻市にある富士大学の教授として学生を指導する時にこの演習を行っていました。私は、その手法を伝授してもらい、今の授業で活用しています。これは、司書同士の研修会などで行ってもよいでしょう。

演習の手順

(1) 課題提出と記録用紙の記入

参加者に毎週宿題としてレファレンスの課題を出し、一週間の期間で調べてもらいます。調査した内容は、私が配った記録用紙に書いてもらい、それを提出させます。記録用紙はA4サイズの用紙を横にして、右側に質問事項とレファレンス記録（回答内容）を書きます。左半分は、自由メモ欄として調査の段階のメモを自由に書けるようになっています。自由メモ欄の下段には、参加者の感想欄と私が書くコメント欄を設けています。参加者の感想欄は、演習課題を行う中で感じたことを自由に書いてもらいます。

(2) レファレンス記録の加工

提出されたレファレンス記録を全員が比較検討できるように加工します。回答内容が書かれている〝調査プロセス〟の部分を六五パーセント縮小コピーして、提出した全員の内容を一覧できるようにA3サイズの用紙に貼り付けます。重要なのは、自分の回答内容をほかの人と比較検討できるようにすることです。そのプリントを次の授業の時に全員に配付します。

記録用紙記入例

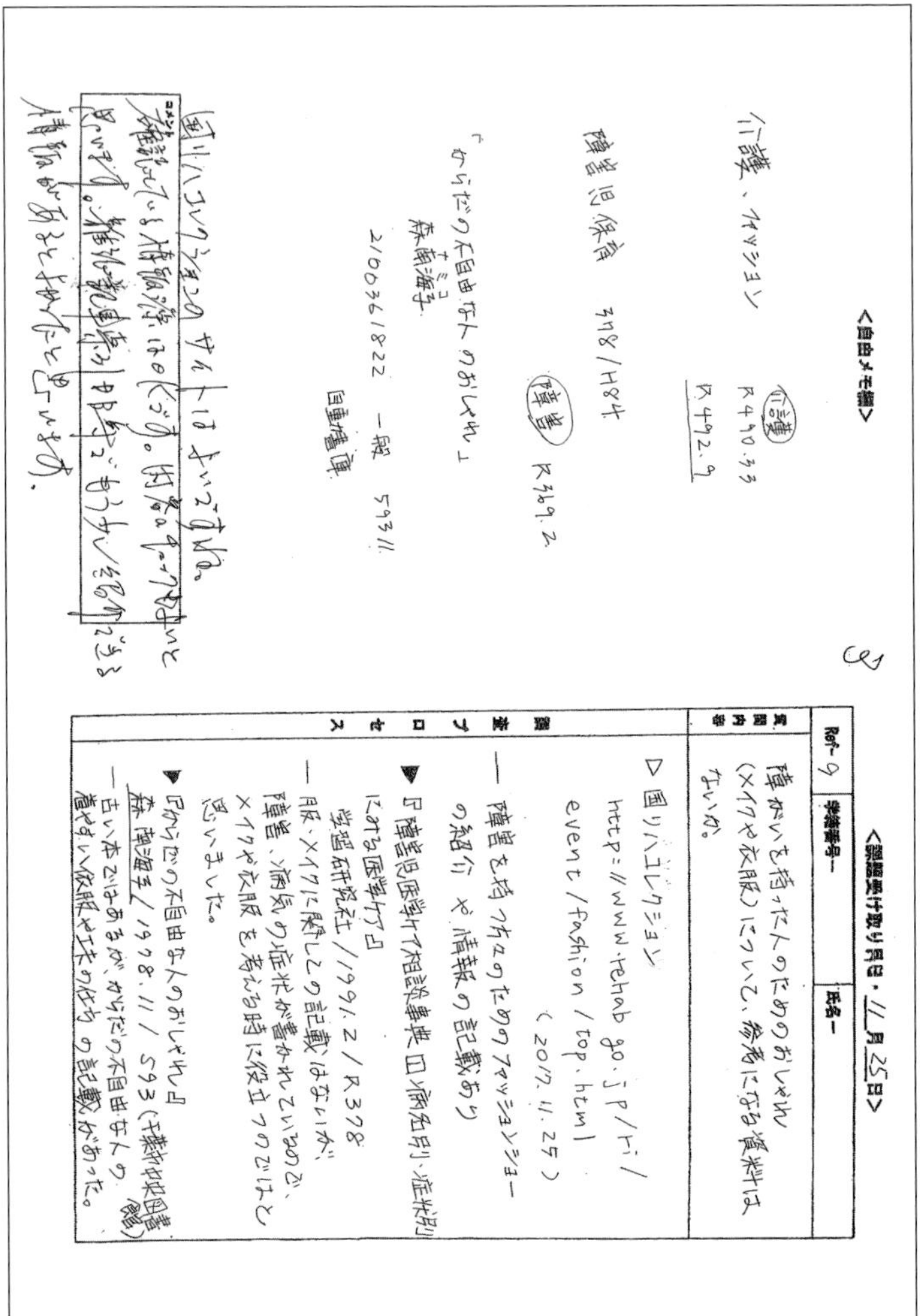

<課題受け取り月日・11月25日>

Ref-9	学籍番号ー	氏名ー
質問内容	障がいを持った人のためのおしゃれ（メイクや衣服）について、参考になる資料はないか。	
調査プロセス	▷国リハコレクション http://www.rehab.go.jp/ri/event/fashion/top.html （2017.11.25） ― 障害を持つ方々のためのファッションショーの紹介や情報の記載あり ▶『障害児医学ケア相談事典 ⑴病名別・症状別にみる医学ケア』 学習研究社／1991.2／R378 ― 服・メイクに関しての記載はないが、障害、病気の症状が書かれているので、メイクや衣服を考える時に役立つのではと思いました。 ▶『からだの不自由な人のおしゃれ』 森南海子／1978.11／593（千葉市中央図書館） ― 古い本ではあるが、からだの不自由な人の着やすい衣服や工夫の仕方の記載があった。	

<自由メモ欄>

介護、ファッション　（介護）R490.33

R492.9

障害児保育　378/H84

（障害）R369.2

「からだの不自由な人のおしゃれ」

森南海子《ナミコ》

2100361822　一般　593.11

自動書庫

国リハコレクションのサイトはよいですね。

コメント 確認している情報源はOKです。内容のチェックもよいと思います。雑誌記事索引目録等でもう少し紹介できる情報があるとよかったと思います。

▽演習のポイント

すべての回答内容に対してコメントを書き、調査のポイントや調査プロセスの評価、またレファレンス記録の書き方のアドバイスも行います。調査に関心をもたせ、上達させるためにも、どうしたら効率的で必要十分な記録を書けるかを添削して指導します。添削しだいで進歩の度合いが違ってきますので、手を抜けません。

同じ課題を複数の人が行い、全員の回答を突き合わせることで、調査の最大値がわかるようになります。冒頭で、一人で調査をしていると最後には「これで良かったのかな？」という思いが残ると書きましたが、同じ課題を一〇人で行い、全体を俯瞰《ふかん》すれば、漏れのない調査に近づきます。

「私はここまで調べられたけど、あの人は違う資料を使っている。自分よりも詳しい調査だ」とか、「あの人が使った資料はすごい！　よくあの資料を使うという発想が出てきたなあ」など、さまざまな感想が出てくるでしょう。

ほかの人と比較することで自分の実力もわかってきます。回を重ねるごとに変化していく学生の感想を見ていくことも重要です。

また、レファレンス記録の書き方の良しあしもわかります。効率的で必要十分な書き方と

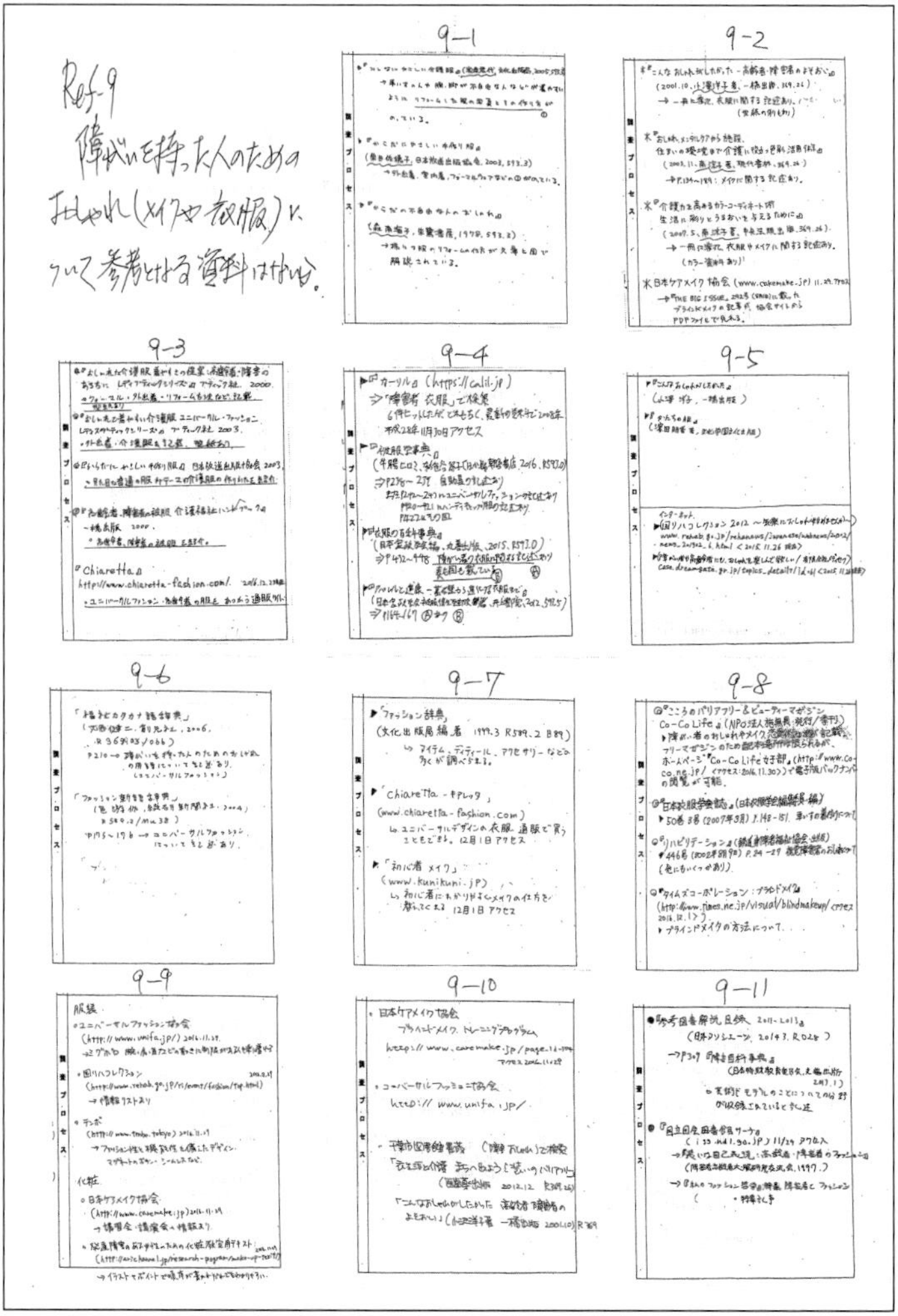

ほかの人の調査と比較することで、多くのことを学べます。

はどういうものなのかも明確になります。良い書き方をした参加者がいたら大いに褒めます。そうするとほかの参加者はその人の記録方法をまねるようになるという効果を生み出します。

3節　即戦力演習

私はまた、大学図書館を使って、学生一人ひとりに違う課題（実際にあった利用者からの質問）を渡し、その場で調査をしてもらう演習、その名も「即戦力演習」も行っています。九〇分の授業の後半四〇分を使って毎週行います。現役の学校司書の方にも参考になるかと思いますので紹介します。

▼演習の手順

(1) 実際にあったレファレンス事例で、基本資料を使うものを演習問題として六〇問から七〇問程度用意し、Ａ４サイズの用紙横使いの所定の用紙（96ページの記録用紙と同一です）に書き込んでおきます

(2) これを参加者に配り、それぞれで調査をしてもらいます

(3) それぞれの参加者のところを回り、私が調査のアドバイスをしていきます

(4) 適切な調査ができれば次の課題を渡します

注意点

・図書館のレファレンスブックを使って調査することに限定します
・この演習ではほかの人の知識をあてにしないで、一人で行うようにします
・この演習では、インターネット上の情報を使わないようにします
・記録用紙の左側の〈自由メモ欄〉は、利用者とのやりとりを想定して自由に使ってもらいます。右側の記録部分は、残す記録として十分なものを記録してもらいます
・調査では、裏を取る努力をしてもらいます。一つの情報源だけで回答した場合は、ほかの情報源で確認を取るようにアドバイスします
・使った資料は、占有せず、必ずあった場所に戻すように指導します

・図書館内を走らないように指導します
・レファレンスブックを床に置かないなど、本の扱いは丁寧に扱うように指導します
・書架整理を小まめに行うように指導します
・わからない場合には、早めに相談するように伝えます

演習のポイント

この演習を始めた当初は、学生の自主的な調査を尊重してできるだけ声をかけないようにしていましたが、それは間違いでした。

どのように調べていいのか見当もつかず、書架の間をウロウロするだけで与えられた時間を使い切ってしまう学生もいて、効果がまったく出ませんでした。そこで学生一人ひとりに積極的にアドバイスをしていくようにして、調べるべき資料をどんどん教えていくようにしました。

まず、「なんの課題をやってるの？」と声をかけます。「この課題を調べるための主題は何かなあ？」「なんの分類を見る？」といった質問をしながら、調査すべき資料がある書架に連れていき、「この資料を見てごらん」と見るべき基本資料を教えます。

この方が基本資料を覚えられるとともに、調査のモチベーションを高めることができます。私が教えた資料ですが、それを見ることで回答が出てきます。その時に参加者は「あ！　調べられた」という体験をします。その体験の積み重ねが「自分で調べられる」という感覚を高めていくのです。調べる回数を重ねるたびに調査がうまくなっていき、そのことが参加者自身にも実感できるので、効果が上がっていくのです。

第6章

レファレンス記録の書き方

1節　レファレンス記録を残す意義

なぜレファレンス記録を残すのか

レファレンス記録を適切に書くことは非常に重要です。そのためには、効率的で必要十分な書き方をしっかりマスターする必要があります。またレファレンス記録を書き、蓄積していくことには大きな意義があります。

私はその意義として次の四点を挙げています。

①レファレンス・スキルの向上につながる

自分が対応した事例を記録用紙に書くことで、調査プロセスを反芻《はんすう》でき、かつ情報源を記憶することにも役立ちます。

②レファレンス・サービスの評価に役立つ

一か月分のレファレンス記録は管理職（館長）決裁に挙げます。また図書館の中で回覧することで図書館に寄せられる質問が多種多様であり、それらの問い合わせに図書館員がきちっと対応していることを理解してもらえます。

③レファレンス・ライブラリアンの育成に使える

新人が配属されるとまず先輩が行ったレファレンス記録を読んでもらいます。私たちが具体的に何をやっているのかがわかりますし、実際の事例を研究することで、職員研修にも使えます。

④事例をデータベース化できる

データベース化によってパスファインダーとして使えるとともに、特に国立国会図書館の〝レファレンス協同データベース〟（116ページに後述）に登録をすることで全国での事例共有ができます。

私が地区図書館で勤務をしている時に次のような出来事がありました。

大家に追い出されそうなご婦人

真っ青な顔をした高齢のご婦人が図書館に駆け込んできました。私のところに来て「今、大家に追い出されそうなのだが、何か参考になる本はないか」というのです。わざわざ図書館に駆け込んできたこの方をどうにか助けてあげたいと思いました。すぐに書架に案内し、数冊の本を紹介しましたが、それだけでは不十分だと思い、市民相談室に連絡してアポイントを取り、かつ担当者の名前も伝えました。この方は数冊の本を借りて、私に「あんたに会えてよかったよ。本当にありがとう!」と少し笑顔になって帰っていきました。

この時につくづく思ったことがあります。それはレファレンスが評価されるためには、図書館員がきちっと記録を残すことが必要だということです。

私がこの方と関わっている間、隣では資料の貸し出しをしていました。もし、その間に三〇冊の資料が借りられたとすると、貸出数三〇冊という評価の数字が残ります。しかし、このレファレンスを記録しなければ評価の数字はゼロです。困っていた市民が図書館の情報提供によって少しでも救われたことは、全く評価してもらえないのです。やはり記録を残し、一件でもいいから成果物として数字を残すべきだと思いました。

学校図書館でも同様に、先生や生徒からのレファレンスの成果を記録・保管すれば、図書館員としての仕事を管理職に理解・評価してもらうために役立つのではないでしょうか。

2節　レファレンス記録の書き方

将来使われることを想定した記録を

学校図書館は、ごく少人数の職場で、生徒や先生からさまざまな対応が求められ、なかなか時間的制限も厳しいと思います。

そのように忙しい職場でレファレンス記録を残すことを勧めるわけですから、効率的で必要十分な記録を書く必要があります。私流のレファレンス記録の残し方（書き方）をお伝えしますので、学校図書館でも応用してみてください。

レファレンス記録を書く時に注意したいのは、将来、その記録が使われることを想定しな

ある公共図書館でのレファレンス記録から（悪い例）

質問内容

マラソンランナーの高橋尚子さんのことをなぜQちゃんと言うのか

回答経過・回答資料名など

OPAC検索ー２冊　本があり

中を読むと「オバケのQ太郎」とあり

→提供

ければならないということです。

この記録を見てください。これはある公共図書館の職員が書いたレファレンス記録です。簡単な記録なのであえてこの事例を使いました。正直、これはレファレンス記録ではないと私は思っています。この記録では「マラソン選手の高橋尚子さんのことをなぜ〝Qちゃん〟と呼ぶのか」という問い合わせに対して、「『オバケのQ太郎』からきている」と答えています。図書館員のレファレンスとしては、最悪の記録です。レファレンス・サービスでは、必ず出典が明らかな情報（責任の所在がはっきりした情報）を提供する必要があります。この記録では、出典の〝二冊〟がわからないので、将来、同様のレファレンスがあっても答えることができません。

こんなことは当たり前のようですが、現役の図書館員の研修会でも、答えはあっても出典が不明なレファレンス記録を書く人は今でもいます。

出典を書くことは情報の信頼性の裏づけにもつながります。私の授業では、出典を書くことを徹底的に教え込んでいます。

“レファレンス・レポート”（推奨できない例）

質問内容

公園緑地課からの問い合わせ、「魚のヘラブナは温水魚なのか？」

回答経過・回答資料名など

最初に魚に関する分類の資料を見ました。ヘラブナは淡水魚なので、淡水魚に関する資料をいろいろ見ましたが、“温水魚”に関する資料はありませんでした。

国語辞典で“温水”の項目を調べましたが、“温水魚”に関連する情報は出てきません。

釣りや造園の視点からも調査しましたが、やはり“温水魚”に関することは出てきませんでした。

しかし、いろいろ検討をしているうちにフナやコイは暖かい水を好み、河川の下流域に生息し、冬は水底でじっとしているということがわかりまし

その後、百科事典のフナの項目を見ると次のことがわかりま

学術名　Carassius auratua（カラッシウス　オウラトウ

科　目　コイ科

類　種　マルブナ型：体長が長く、側偏しているがやや丸みが
　　　　　　　　　マルブナ、マブナ、キンブナ、ギンブナ等の種がある。
　　　　ヒラブナ型：体高が高く、よく側偏している。
　　　　　　　　　ヘラブナ、ゲンゴロウブナ、ヒブナ等の種がある。

形　態　形態的には口ひげのまったくない点でコイと区別できる。背びれは3棘（きょく）17軟条、しりびれ3棘5軟条、胸びれは15軟条、腹びれは8軟条、1縦列の鱗数27個であるが、その数はかなり変化する。鱗は円鱗で頭部にはない。

棲息環境：温水性（水温20°C）の魚。
　　　　山間の渓流部を除く殆どのいたるところの河川湖沼に生息している。

生　態：冬は水底に静止しているが、春暖かくなると水面近くに浮き上がって活動する。産卵期は地方によって差異があるが、4月から7月にわたり、卵は粘着性で、温暖な浅い所の水草などに産み付ける。水温は20°C内外では、5～7日間で孵化する。

回答が文章で長々と書かれている

情報源の内容をそのまま書き写していて、回答と関係ない部分もある

もう一つ注意すべき点があります。意外に多い〝レファレンス・レポート〟です。これは調査の過程を事細かく記述してしまっている記録のことです。完全に悪いわけではありませんが、時間に追われている図書館員がこのような書き方をしていると、そのうち「レファレンス記録は面倒だから書きたくない」ということにもなりかねません。

さらに悪い例としては、調査した資料の中に書かれている答えの部分を延々と書き写している例もあります。これでは時間がいくらあっても足りません。こうした〝レファレンス・レポート〟から脱皮し、効率的で必要十分なレファレンス記録を書きましょう。

では、簡潔でわかりやすい記録を書くためにはどうしたらいいのでしょうか。私流の書き方を具体的に説明したいと思います。

良いレファレンス記録の書き方

①箇条書きにする

レファレンス・レポートになっている記録は、文章をつなげてダラダラと書かれているものが多いです。私は箇条書きにすることを勧めています。そのためにはどうすればいいかというと、それは、〝項番〟をとることです。①、②、◎、▷……。

良いレファレンス記録の例

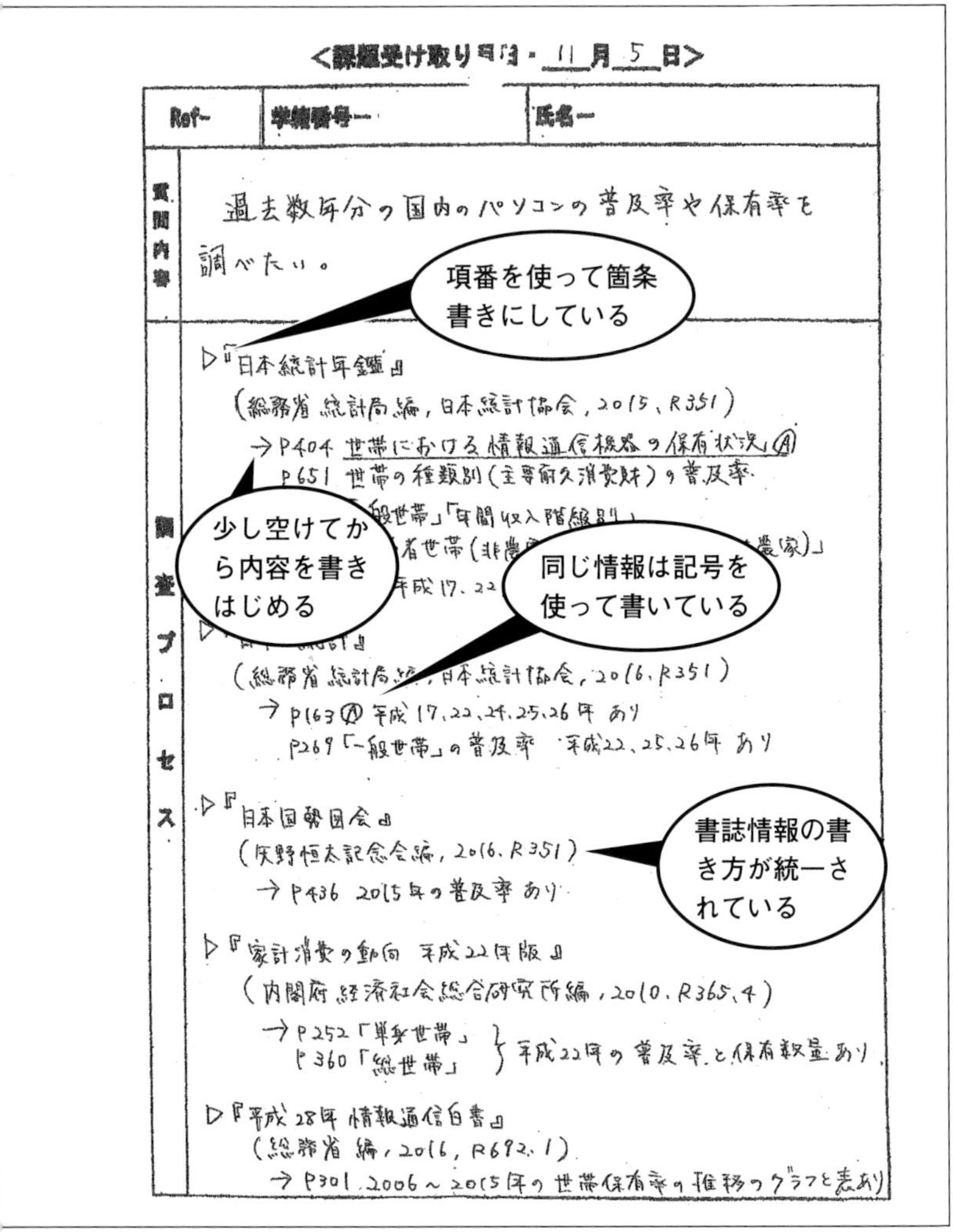
<課題受け取り日・11月5日>

Ref- 学籍番号- 氏名-

質問内容
過去数年分の国内のパソコンの普及率や保有率を調べたい。

調査プロセス
▷『日本統計年鑑』
（総務省統計局編，日本統計協会，2015，R351）
→P404 世帯における情報通信機器の保有状況 Ⓐ
P651 世帯の種類別（主要耐久消費財）の普及率
般世帯」「年間収入階級別」
者世帯（非農 農家）」
年成17、22
▷
（総務省統計局編，日本統計協会，2016，R351）
→P163 Ⓐ 平成17、22、24、25、26年 あり
P269「一般世帯」の普及率 平成22、25、26年 あり
▷『日本国勢図会』
（矢野恒太記念会編，2016，R351）
→P436 2015年の普及率あり
▷『家計消費の動向 平成22年版』
（内閣府経済社会総合研究所編，2010，R365.4）
→P252「単身世帯」 } 平成22年の普及率と保有数量あり
P360「総世帯」
▷『平成28年 情報通信白書』
（総務省編，2016，R692.1）
→P301 2006～2015年の世帯保有率の推移のグラフと表あり
項番を使って箇条書きにしている
少し空けてから内容を書きはじめる
同じ情報は記号を使って書いている
書誌情報の書き方が統一されている

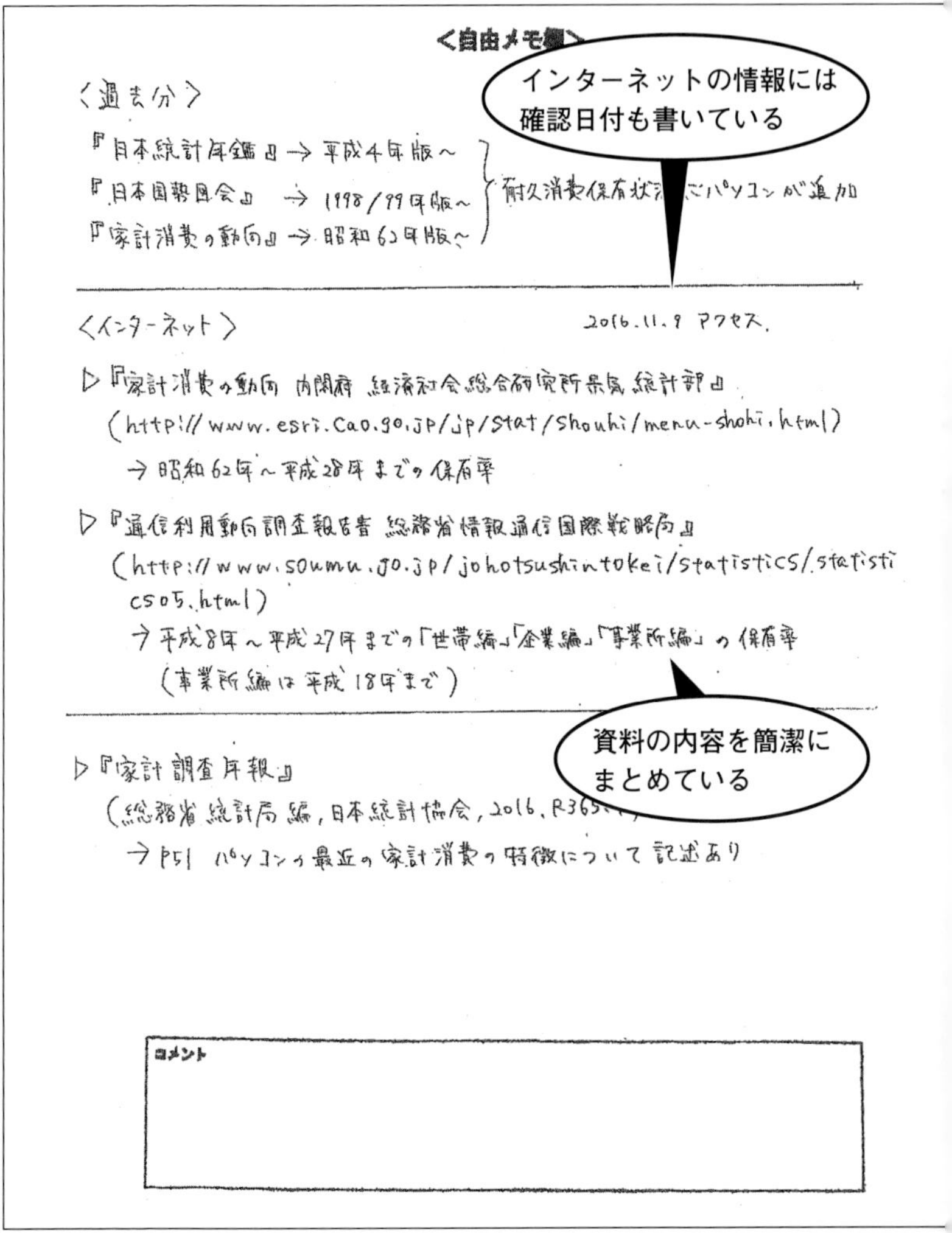
＜自由メモ欄＞
〈過去分〉
『日本統計年鑑』→平成4年版〜
『日本国勢図会』→1998/99年版〜
『家計消費の動向』→昭和62年版〜
耐久消費財保有状況 にパソコンが追加
〈インターネット〉
2016.11.9 アクセス.
▷『家計消費の動向 内閣府 経済社会総合研究所景気統計部』
(http://www.esri.cao.go.jp/jp/stat/shouhi/menu-shohi.html)
→昭和62年〜平成28年までの保有率
▷『通信利用動向調査報告書 総務省情報通信国際戦略局』
(http://www.soumu.go.jp/johotsushintokei/statistics/statistics05.html)
→平成8年〜平成27年までの「世帯編」「企業編」「事業所編」の保有率
(事業所編は平成18年まで)
▷『家計調査年報』
(総務省統計局編, 日本統計協会, 2016, R365
→P51 パソコンの最近の家計消費の特徴について記述あり
コメント
インターネットの情報には確認日付も書いている
資料の内容を簡潔にまとめている

このような〝項番〟を書き、その後に調査した書誌情報を書くように自分で決めるのです。

②情報源を優先した書き方にする

調査プロセスや回答をつい先に書きたくなりますが、提供した情報源をまず書くようにしましょう。調査の経過に従って資料を記録します。この時に先の箇条書きが生きてきます。

③書誌情報の書き方

〝項番〟を書いたら書誌情報を書きます。また、調査した該当ページも記述します。まず書誌情報を左詰めで書き、内容は左から二文字くらい空けて書きます。資料の中に含まれている情報であることが一目でわかるようにしましょう。

④回答内容は、簡潔に記述する

調査した回答内容を詳しく書きたくなりますが、それをやっていたらいくら時間があっても足りません。詳細は現物の資料がわかればいつでも確認できますので、簡潔な記述で構わないと思います。回答内容を書き終えて、次の項番を書く前には一行空けておきましょう。

⑤インターネット上の情報源の記録

インターネットの情報源を提供した時は、そのサイトのURLと確認日付を書くのが基本です。手書きでURLを書くのはたいへんですからサイトのページを印刷して添付することでも構いません。デジタル情報で記録している場合は、コピー&ペーストで対応しましょう。確認日付を書くのは、インターネット上の情報はなくなる可能性があるからです。

子どもたちにもレファレンス記録をつけてほしい

これらの記録方法はレファレンスを受けた担当者が書くための方法を紹介したものですが、子どもたちに課題を出し、図書館を使って調べさせる場合にも応用できます。ぜひレファレンス記録を書いてもらってください。

本には〝書名〟があり、〝書いた人〟がいて、その本を作った〝出版社〟があること、また本には〝分類番号〟が貼られていて、図書館の中の本の位置（本の住所）がわかるようになっていることを伝えます。項番などは好きなキャラクターや絵文字を使ってもいいですね。バランスの取れた記録が書けるようになると楽しくなってきます。また頭の中が整理しやすくなるので、調査も上手になっていきます。

図書館で調べるパフォーマンスを学校図書館が積極的に行えば、調べることが好きになる子どもが増えると思っています。小学校高学年や中学校からぜひ取り入れてみてください。

▽「レファレンス協同データベース」を使ってみよう

みなさんは、インターネット上に公開されている、〝レファレンス協同データベース〟※（以下レファ協）についてご存知でしょうか。この事業の趣旨は以下のとおりです。

「レファレンス協同データベース事業は、公共図書館、大学図書館、学校図書館、専門図書館等におけるレファレンス事例、調べ方マニュアル、特別コレクション及び参加館プロファイルに係るデータを蓄積し、並びにデータをインターネットを通じて提供することにより、図書館等におけるレファレンスサービス及び一般利用者の調査研究活動を支援することを目的とする事業です。」

私は、このレファ協の初期の頃の企画協力員で、当時からデータの蓄積によってさまざまな調査に役立つ有効なデータベースになると確信していました。現在、レファレンス事例はどんどん増えて、学校図書館のレファレンス事例も収集して公開しています。また、学校図書館で使える事例を集めた事例集「レファレンス協同データベース登録事例集 第2集 学校で使える事例編」もあるので、ぜひ一度アクセスしてみることをおすすめします。

（二〇一八年四月末現在で、参加館は七七〇館（そのうち学校図書館は五二館、事例データ総数は、一般公開データが一一万一六一二件、参加館のみに公開が一万九九一八件、そして

※：http://crd.ndl.go.jp/reference/

自館のみ公開は七万五五二三件、総計二〇万七〇五三件のレファレンス事例データが蓄積されています。

ある親子から「夏休みの宿題で〝わらじ〟を作りたい」というレファレンスを受けたことがあります。レファ協で検索してみると、いくつかの事例があり、そこに出てくる資料を片っ端から当たり、情報提供をすることができました。（現在では、〝わらじ〟で検索すると五〇件以上がヒットし、〝わらじ＋作り方〟では一〇件以上の事例データがヒットします）

学校でも同じような宿題が毎年出題され、図書館で対応する場合があるかもしれません。レファ協をぜひ利用してください。そして利用した次は、自らが参加校となり事例の蓄積に協力すれば、レファ協はさらに充実していきます。

なお注意点を一つだけお話ししておきます。レファ協の事例は、記録された時点の結果であり、かつ担当者の力量によっても左右される結果です。したがってデータは参考情報として活用し、より新しい情報や詳しい情報がないか、自分でも再調査しましょう。

コラム

時には“鞭《むち》”も必要？

レファレンス・サービス演習の授業では、毎週課題を出し、それを添削しています。「インターネットの情報は、利用者も見てきている可能性がある。だから、図書館の資料から情報を提供することが、インターネットにはない付加価値を提供することになる。レファレンスブックを必ず使ってね！ それが私たちの仕事だよ」と彼らに伝えています。

何もわからない学生ですから、最初は私の話をよく聞き、わからないなりにもよく調べてきます。

良い記録や的確な資料を使ってきた時には、必ず褒めていきます。「いい記録だね！」「よくこの資料に気づいたよね。すごいよ！」と……。

ところが、授業を受ける学生が提出するレファレンス記録の出来には波があります。全15回の半分を過ぎるころ、学生にダレが見られる時期が必ずあります。インターネットだけで調べた回答がいくつか混じるようになるのです。

その時には、めちゃめちゃ怒ります。机をたたいて怒る場合もあります。いつも温厚な齊藤が（自分で言うのも恥ずかしいですが）激しく怒るので大きなインパクトがあります。

「このような回答をするように君たちに教えたことはない！」「図書館に情報を求めに来ている利用者と真剣に向き合っているのか！」「このような対応で恥ずかしくないのか！」と……。

でも、それをきっかけに学生たちは真面目に良い調査をし始めます。そのあとに、良い調査をした記録や的確な情報源を提供している時には、もちろんとことん褒めます。

言葉は悪いですが、いつも「飴《あめ》」をあげていますが、一度は「鞭」をふるうのです。それがレファレンス・サービス演習を行うときのコツでもあります。

第7章

学校図書館でのレファレンス事例

▼学校図書館の現場から見えてくるもの

私がレファレンス・サービスに携わってきたのは公共図書館で、子どもから大人まで幅広い層が対象でした。この本で扱う内容には学校図書館の現場とはやや異なる部分があるかもしれません。ただし、図書館員としての情熱や利用者（子どもたち）の疑問や課題にどのように応えていくべきか悩み、その上で最善を尽くしていることは、共通だと思います。

この章では、現役の学校司書と学校司書経験のある方に、小学校から高等学校までの、学校図書館でのレファレンス・サービスの事例についてご執筆いただきました。

定番の問い合わせはどんなものか、子どもたちは興味があることについてどんなふうに聞いてくるのか、また宿題の答えを求めてくる子どもたちに接するときの心構えなど、現場での臨場感あふれる様子がわかります。

また、学校図書館では、子どもだけではなく先生も利用者です。学校の職員として教育方針や年間の指導計画を先取りし、先生からのレファレンスに応えていくことの大切さも述べられています。先生と積極的にコミュニケーションをとり、問い合わせに的確に対応することは、学校図書館の校内での理解者の増加につながります。こうした流れは公共図書館の理解者を市役所の中に作る場合でも同じでした。

事例からは、学校司書と接する中で、子どもたちが「回答をもらえる喜び」を知ることや、子どもたちの視線などにきめ細かく注目することの大切さなども伝わってきます。ぜひ参考にしてみてください。

ところで、公共図書館でも、利用者から何度も聞かれる問い合わせがあります。たとえばその地域の歴史や史跡、あるいは名産品や地誌に関することなどです。学校図書館でも定番のレファレンスを押さえて、パスファインダー（調べ方案内）を作成しておくとよいと思います。

調べ学習や総合的な学習では、学校図書館と公共図書館が連携する機会も多いと思います。私が仕事をしていた立川市では、学校の先生が子どもたちに〝調べる宿題〟を出す時には、必ず事前連絡事項をファックスで公共図書館に連絡してもらっていました。事前に内容を把握することで、対応の準備ができます。この場合でもやはり、学校の先生方とのコミュニケーションが一番重要になります。

小学校でのレファレンス事例

高崎健康福祉大学非常勤講師（元高崎市学校司書）　小柳聡美

レファレンスという言葉は知らなくても

小学生で、レファレンスという言葉を知っていたら素晴らしい！　公共図書館を保護者と上手に使いこなしているか、百科事典などがある棚に「レファレンスコーナー」とサインが出ているのを見逃さず、学校図書館のオリエンテーションもしっかり受けている子に違いありません。見落としがちな現実ですが、学校図書館では、専任の人（司書教諭や学校司書）がカウンターにいないとレファレンスを受けることはできないのです。それでも、子どもたちはさまざまな疑問をもって学校図書館にやってきます。一人では解決できなくても、質問することで回答してもらえる喜びを得ることは大切な体験だと思います。ここでは、学校司書が常駐（勤務日数については正規の教職員より少ない場合が多い）している公立小学校での事例を、読書活動、授業関連などからご紹介します。

劉備は？ 孫策は？ 孔明は？

「先生、三国志の本ってどこですか？」二〇一六年のことです。冬休みが明けた頃から、低学年が次々とカウンター前にやってきました。これまでも、学年を問わず人気のジャンルでしたが、聞いてくる人数が半端ではありません。近隣の小学校でも同じ現象が起きていました。

原因はすぐにわかりました。子どもたちに人気のキャラクターが三国志の登場人物に扮するゲームが発売されるニュースが流れたのです。このように、メディアミックスに関する子どもたちの情報網はあなどれません。

この事例ではまず、それぞれのキャラクターが『三国志』の登場人物の誰にあたるのかをまとめたものをカウンター横の掲示板に貼りました。質問に来た児童には、どのキャラクターが好きなのかをインタビューしながら、集英社みらい文庫、講談社青い鳥文庫、ポプラ社、偕成社、コミック類《『三国志 群雄ビジュアル百科』（ポプラ社、二〇〇八）、『学習漫画 世界の歴史』（集英社、二〇〇二）と『学習漫画 中国の歴史』（集英社、二〇〇六―二〇〇八）、横山光輝の作品》など、児童の好みに合わせて紹介、貸出することで、資料の不足を防ぎました。

実は、決まっています！

子どもたちの質問は、独創的で突拍子もないものも多く、ドキドキしながらも、回答するのが楽しくてたまりません。

でも、学校図書館では、授業に関するレファレンスはだいたい決まっているのです。なぜでしょうか？　それは、教育課程には学習指導要領という基準があり、授業はこれにのっとって行われているからです。

さらに細かく予想するためには、その学校の方針について知る必要があります。そのために年度初めにもらわなくてはならないのが「学校経営要覧」（学校によって名称は変わる）です。ここには教育構想図、読書推進全体計画、学校図書館の利用年間指導計画、総合的な学習の時間全体構想図などが記され、国際理解、人権教育、情報教育、食育、保健などで、学校図書館が支援すべき内容がわかります。「単元配当表」もあれば、それももらいます。そうすれば、何月に何年生が何の教科でどんなことを学習するかが把握できます。その上で、学校司書は先回りしながら、レファレンスに備えて資料を準備すると負担も減ります。

「働く乗り物の資料ありますか」「生き物の図鑑を三〇冊お願いします」「世界の国

の資料をクラスの人数分、一週間後に使います」「修学旅行の資料が欲しいんだけど町の図書館にはもうないんだって。こっちにはある？」「農家の方にインタビューに行くから、この野菜の資料をください」「人間と動物の骨を比べたいので写真が載っている本を探してください」「昔話を手話でしたいんだけど、この本だと簡単すぎて使えません」「名言が載っている本を貸してください」「六年間で思い出に残っている本についてスピーチするんだけど、僕ってどんな本を借りていましたか」これらの質問は急に聞かれたら困りますが、計画を知っていれば慌てない内容ばかりです。

学校司書は遠慮せず、児童が気持ちよく学習できるように、学校の会議資料をもらって授業に関わっていかなくてはと思います。

図鑑を使って、動物の調べ学習中。

中学校でのレファレンス事例

高崎健康福祉大学非常勤講師（元高崎市学校司書）　小柳聡美

質問の禁止事項、学校図書館ではどう扱っていますか？

レファレンス回答制限の中には「学校の宿題」が含まれています。近年、学校図書館でもレファレンス・サービスを積極的に行うようになりましたが、公共図書館のように「回答できない事項」について明示している学校はあまりないようです。回答制限というルールがあることを知らない先生方も多いと思います。

もちろん「宿題の答え」そのものを教えることはありませんが、学校図書館では、資料選びが不慣れな生徒には時間の許す限り寄り添ってお手伝いするのが常です。どのような調べ方をすれば、答えが載っているページにたどり着けるかを指導することもあるでしょう。

学校司書の立場として、どこまで踏み込んでいいのかは学校ごとに方針が違います。ぜひ、校内会議で話題にしてほしい案件です。ここでは、回答制限の方針はなく、生徒の質問におおらかに対応できる公立中学校での事例を紹介します。

文庫、新書、単行本……違いがわかるかな？

私が勤務していた地域では、高校入試の結果が出始める頃、「新書ありますか？ っていうか、新書ってなんですか？」という質問が寄せられます。高校生になるから、これまで知らなかったジャンルに興味が湧いたかな、と思うとそうではありません。私立の推薦や、県立の前期試験で合格した生徒には、高校から宿題が出ます。その中に「新書を読み、内容のまとめをして自分の意見を書く」という国語の課題があるからです。中学三年生にとっては、少しハードルが高いようです。本のサイズの違いなども説明して本を紹介すると納得してくれます。

また、さまざまな高校の合格者課題一覧プリントを収集し、レファレンスに備えるようにします。この資料が積み重なっていくと、毎年同じような傾向で課題が出るため、生徒の質問に答えやすくなりました。作品が指定される高校もありますが、好きなものでよい、という場合は『ゾウの時間ネズミの時間』（中央公論新社、一九九二）、『先生はえらい』（筑摩書房、二〇〇五）などのほか、生徒の学力に合わせて、岩波ジュニア新書を紹介することもあります。昼休みや、県立後期選抜の日程を利用して、課題が進まない生徒にはちょっとした内容解説などの支援もできます。

夏目漱石、森鷗外、芥川龍之介、志賀直哉などの文豪作品の感想文も定番の課題です。生徒は「漱石とか、芥川の本って、どれが読みやすいですか?」と聞いてきます。近年は『文豪ストレイドッグス』(KADOKAWA、二〇一三―)の人気により、コラボ表紙の角川文庫で『羅生門・鼻・芋粥』などを選ぶ生徒が増えています。

「二歳の子って、何が好きですか?」

司書教諭で家庭科担当の先生は、三年生の保育実習用調べ学習に、毎年学校図書館を利用してくださいました。実習前に自分たちが担当する乳幼児の特徴について調べるのですが、生徒ごとに調べる乳幼児の年齢が違います。

資料は一クラスの生徒数の二倍以上は用意したいところです。公共図書館からの相互貸借を利用しながら、好評だった資料はコツコツ購入し、近隣の中学とも情報交換して同じものをそろえることで、学校間の相互貸借もできるようになりました。

昼休みの風景。調べ学習に役立つ本を選んで机の上に置いています。

生徒が使いやすいと考える資料は学校が違っても同じ傾向があることもわかりました。特に『デズモンド・モリス 赤ちゃんの心と体の図鑑』（柊風舎、二〇〇九）『デズモンド・モリス 子どもの心と体の図鑑』（柊風舎、二〇一〇）は価格は高くても、カラー写真が豊富で年齢別に乳幼児の好むことや、成長の様子がわかるためか、翻訳本なので、収録しているデータは海外のものでしたが、実習後、日本の子どもとの違いを見つけ、調べ学習のまとめに生かした生徒もいました。

高等学校でのレファレンス事例

千葉県立八千代西高等学校　学校司書　齋藤洋子

生徒との距離を縮める

高校の学校図書館では、入ってくる生徒の視線にまず注目します。迷いなく書棚を目指しているか、なんとなく書棚の間をさまよっているか、何か聞きたそうであるのか。助けが必要なことを生徒が言葉で伝えてくるようになるには、少し時間がかかります。何かを調べたいと思った時、学校図書館の資料とそこで働く学校司書は生徒の意識の中にありません。そんな現状を変えるのにまず苦労します。

「先生！　面白い本ある？」という問いかけは、学校司書の腕の見せどころのひとつです。「今までで一番面白かった本は何？」「何に興味があるの？」「学園物とミステリーならどちらがいいかな」と、生徒の様子を見ながら話しかけます。少し打ち解けたところで「好きな作家は誰？」と聞き、読書歴とその傾向をたどり、作風の似た作家で、読み切れそうなものがあれば薦めます。また「乙一と中田永一は同一人物なんだよ」など、生徒が喜びそうな話を混ぜながら距離を詰めていきます。図書館と司書という存在を認識してもらうと、個人的な関心についてのレファレンスが続きます。たとえば「三国志について知りたい」「太宰治について知りたい」といったレファレンスがあっても、ゲームの情報や、それに類する理由がもとである場合が非常に多いです。そんな生徒にいきなり三国志の事典や太宰治の全集を薦めても「やっぱり無理」となってしまいます。ゲームと比べると、自分で活字を追わなければ内容が頭に入らない本を、生徒が受け入れるまでには時間がかかります。小さな疑問に答えながら、生徒が知的好奇心を奮い立たせ、本に少しずつ親しんでいくのを助けています。

一方、調べものとしてのレファレンスは、学校図書館においては多くの場合、授業や特別活動の中で行われます。生徒は図書館や本に慣れていない上に、本を使った調べ学習が苦手で、本と向き合い、自分が必要とする情報を他人に伝えることに抵抗があるように見えます。

ところが、図書館の資料を使うことを教科の宿題として課された場合、事情は一変します。「先生！　答えだけを教えてください」と尋ねてくる生徒がたくさんいます。司書としては、何の授業のどんな課題か、調べたことをどうまとめるかまで聞いたあと、内容に関する最低限の知識を伝えるところから始めなければなりません。

こうした基礎知識なしのレファレンスは学校では多くあります。「自分が気になった作者を調べる」「気になったニュースについて調べる」「好きな絵について調べる」などに関するレファレンスでは、児童書や新聞の切り抜きや百科事典まで見せながら、必要な情報を絞り込ませています。

子どもの未来につながるレファレンスを

「職業について調べよう」という課題に関するレファレンスでは情報量の重要性を痛感します。

「先生、将来やりたい仕事って、何を調べたらいいかわからない」「何に興味がある？子どもが好きとか、料理が好きとか」「子どもかな」「じゃあ保育士とか？」「勉強が無理。ほかに何がある？」という流れになることもあります。

やりたい仕事という未来を考えるには、その仕事に関する情報や知識をあらかじめもっていて、働く姿がイメージできなければなりません。個々の生徒で異なる知識に何を追加すればいいのか。それがいつも悩みどころです。レファレンスは生徒との雑談と混じり合い、そこに悩み相談も加わります。彼らに質問していく内容はある意味、カウンセリングと似てきます。

「お金ためなきゃ」「なんでお金がいるの？」「親には高校卒業したら、家を出て働けって言われているから」「仕事に関する本はここにこれだけあるよ」「お金がたまるのはどの仕事？」「まず正社員として働かないと」など、話は止まりません。

一人ひとりの状況に合わせることが大切。

このように、学校図書館は一般的な課題解決をサポートする役割を担いながら、それとは違ったレファレンスも行っています。生徒と、彼らが本当に必要としている本とをつなげることは、きっと生徒の今後の人生の糧になると思っています。

レファレンスが必要な生徒をいち早く見つけるため、図書館の扉を開ける彼らの視線に今日も注目しています。

おわりに

調べるといえば、まずインターネットで検索するのが当たり前の現在に、私は大学で本に特化して〝調べる授業〟を行ってきました。

さまざまな本（レファレンスブックだけではありません）を使って調べることは、物事をさまざまな角度から調べることにつながります。

そうやって調べることの可能性を広げていくと「この資料のおかげで調べられた！」という思いが強く残り、徐々に〝調べることの喜び〟につながっていきます。子どもたちに〝本を使って調べることの面白さ・楽しさ〟を少しでも味わってもらえればと思っています。

その感覚を小学生や中学生の時に体験しておけば、その後の高校や大学での学習面での成長に多大な影響を与えると思います。

さて、レファレンスに対する、利用者の満足の源はなんでしょうか。最初に来るのは求めていた情報を得られたことだと思いますが、それだけではなく、自分の質問に対して図書館員がいかに親身になって調べてくれたかも大切です。

何人かの利用者から「あんたに会えてよかったよ！」と言っていただいたことがあります。この言葉には、情報入手の喜びと同時に私が担当したことへの感謝が詰まっていると思います。また、学校司書や司書教諭は、子どもたちの〝あこがれ〟になっています。実際に私の授業でも、自分たちが出会った図書館の先生にあこがれて司書を目指している学生が多くいます。

こうしたことが起こるのは、図書館の仕事は〝情報と人〟の関係だけではなく、〝利用者と図書館員〟の関係からも成り立っているからだと思います

そう考えられるようになったのは、市民のみなさんのおかげでした。私は市民に育てられたといっても過言ではありません。学校図書館に関わる方々も、子どもたちから学ぶことは多いと思います。それを大切にしてください。

最後になりますが、各学校での事例をご執筆いただいた小柳聡美先生と齋藤洋子先生、資料や写真をご提供いただいた新海きよみさん、柳瀬寛夫さん、この本の編集を担当していただいた少年写真新聞社の新井吾朗さんに深く感謝申し上げます。

【著者】

齊藤誠一（さいとう　せいいち）

千葉経済大学短期大学部教授（司書課程専任担当）
千葉経済大学総合図書館館長

東京都府中市出身。1977年青山学院大学卒業（司書資格取得）。1977年司書として立川市に採用される。中央図書館開館後は、調査資料係長としてレファレンスサービスを担当。2006年千葉経済大学短期大学部助教授として専任で司書課程を担当し、現在に至る。2011年3月筑波大学大学院図書館情報メディア研究科博士前期課程修了。日本図書館協会施設委員。日本図書館情報学会会員。主な著書は『まちの図書館でしらべる』（共著、柏書房、2002）、『情報サービス論』（共著、理想社、2010）など

※『図書館教育ニュース』（2015年10月～2016年9月）に連載したものを加筆修正しました。

学校図書館で役立つレファレンス・テクニック
調べる面白さ・楽しさを伝えるために

2018年7月1日　初版第1刷発行
著　者　齊藤誠一
発行人　松本　恒
発行所　株式会社 少年写真新聞社
〒102-8232　東京都千代田区九段南4-7-16　市ヶ谷KTビルⅠ
Tel（03）3264-2624　Fax（03）5276-7785
http://www.schoolpress.co.jp
印刷所　図書印刷株式会社

ISBN 978-4-87981-640-5　C3037

カバーデザイン：中村光宏　編集：新井吾朗　DTP：服部智也　イラスト：小野寺ハルカ　校正：石井理抄子　編集長：藤田千聡